# 这样教孩子减压，孩子最轻松

［美］劳伦斯·夏皮罗 著
李辉 译

辽海出版社

**图书在版编目（CIP）数据**

这样教孩子减压，孩子最轻松 /（美）夏皮罗著；李辉译. --沈阳：辽海出版社，2014.12
ISBN 978-7-5451-3203-8

Ⅰ.①这… Ⅱ.①夏… ②李… Ⅲ.①家庭教育 Ⅳ.①G78

中国版本图书馆 CIP 数据核字（2014）第 249282 号

辽宁省版权局著作权合同登记：图字 06-2014-226
*The Relaxation & Stress Reduction Workbook for Kids*: *Help for Children to Cope with Stress*, *Anxiety & Transitions*


责任编辑：刘波
责任校对：汉风
装帧设计：杜帅

出版者：辽海出版社
地　　址：沈阳市和平区十一纬路 25 号
邮政编码：110003
电　　话：024-23284469
E-mail：dyh550912@163.com
印刷者：香河县宏润印刷有限公司
发行者：辽海出版社

幅面尺寸：170mm×240mm
印　　张：10.5
字　　数：110 千字

出版时间：2015 年 3 月第 1 版
印刷时间：2015 年 3 月第 1 次印刷
定　　价：29.80 元

# 目录

Contents

Contents

Contents

Contents

# 引言

*Foreword*

《放松与减压指导手册》的第六版，迄今为止已经帮助近百万人学会了如何放松身体、稳定情绪、主宰自己的生活。临床证明，本书中所提到的众多减压和放松方法能够帮助成年人有效地抵抗紧张情绪和压力，使他们能更合理地管理时间，能更自主地进行沟通。本书第一版是三十多年前面世的，从那时起我们决定将这些资源有效地整合在一起，以便帮助读者走出紧张和压力。

在本书中，作者劳伦斯·夏皮罗和罗宾·斯普瑞格提出了能帮助孩子缓解压力的各种办法。尽管有些压力对于成长是正常并且必要的，但过多的压力明显是有害身心健康，不管对成人还是孩子都是这样。对于大人和孩子来说，家里的经济问题、关系问题，家庭成员的去世和患病，转校，甚至进入更高年级的事情都会导致家庭成员产生很多压力。

本书通过一系列有效的减压方法，帮助你的孩子同压力作战。本书中所列举的一系列练习活动——从营造一个好的家庭氛围，到及时发现压力的存在——都是作者精心设计的，以便让家长和孩子能有效地管理压力。本书包括了一些很好的放松方法，包括呼吸、冥想、专注、瑜伽，还有游戏、手工等等，这些都能让孩子远离压力，充分放松。我认为，这本书最好的地方是，其中众多有趣、创新的练习活动非常适合孩子。每天只要10～15分钟，你和你的孩子就能学到惠及一生的技巧。

生活中不免有各种压力，但是本书将告诉你，控制压力的方法有很多。通过实践这些方法，你可以令生活变得很美好。书中的技巧将让你和你的孩子快乐、幸福地享受生活。

马修·麦凯

《放松和减压指导手册》第六版编者

# 写给家长的话

*Introductiov For Parents*

压力伴随人的一生，甚至人出生之前就已经有压力。想想看，一个胎儿本来好好地待在母体的子宫里，这时候突然分娩开始了，胎儿的世界好像发生了巨大的灾难一样，子宫通过收缩强行把胎儿推入产道，一场惊心动魄的旅程开始了。最后胎儿恐惧地发现自己来到一个光线刺眼、声音嘈杂、空气冰冷的地方，任意被人拎过来放过去，还被人不分青红皂白地用水冲来冲去，天哪，这是多么令人害怕的经历。

小宝宝从婴儿长到幼儿时期的时候，值得开心的事情肯定不少，不过他们还是会遇到压力。儿童成长的过程中，在不同阶段肯定会遇到各种压力，从学着握住奶瓶到试着打开折叠桌，每一件要学习做的事情都让孩子感到某种程度的压力，当然还有在成功之后难以言表的成就感。

正常并且有益的压力是好的，但是太多压力可就不好了。过大的压力，比如转到新学校或者家里添了一位新成员，都会对孩子有影响。即便是比较轻微的压力，如果长期无法解决，也会造成问题。这样的影响有时候会表现为身体上的反应，比如疼痛或者其他健康问题。压力还能影响情绪和行为，会让一个孩子高度紧张、压抑、反叛或者焦虑。成长的道路上大多数孩子都会经历某些情绪上或者行为上的问题，如果有压力，这些问题会难以解决。

压力不是一个虚构的问题，是现实中存在的。我们可以通过生理的变化来衡量压力的程度，比如血压的升高、新陈代谢或者消化功能的紊乱、免疫系统能力或者恢复能力的下降。压力会使身体发出警报，让你知道身体的抗疾病能力开始减弱，要引起注意。

你可以在后面的章节中看到，减压和放松可以让你的生活更美好。教会孩子缓解自己的压力，不只会让孩子更加快乐，还能让孩子更加健康。

## 如何使用此书

本书的第一章会教你如何减少家中的压力。这并不简单，在这一点上你的责任并不比孩子小。你必须要以身作则，少看电视，和孩子一起养成更好的吃饭习惯。你必须要让孩子按时睡觉，多带他们出去玩。

第二章中的练习活动会让压力缓解的更加容易，因为你的孩子很快会看到压力其实也来自于他们自己。经过一段时间，你会发现，缓解压力这件事仅仅是一个生活健康习惯而已，就像每天刷牙或者洗澡一样简单容易。

有的压力可能不太好对付。你的孩子可能有某些学习障碍或者严重的健康问题，或者可能家中有些大的变化，比如父母离婚、搬家或者某位家长生了重病。种种情况都会让孩子每天不停地产生压力，但是，重要的是，孩子完全可以学会简单、有趣的方式来应对这些压力。孩子在这一章中学到的技能将使他们生命中本来看起来很困难的问题变得简单一些，能够使他们缓解自己生理上和心理上短期以及长期的压力问题。

第三章到第九章将告诉你和你的孩子学会放松的重要性以及缓解压力的方法。我们说的并不是看看电视或者周六早上睡个懒觉，尽管这也是个办法。我们所说的放松指的是国内很多专家、顾问提出的，形成标准规范的积极的行动方法。

每个篇章之后，都有为你和你的孩子专门设计的通过呼吸、指导、冥想、游戏等方式来应对压力的小练习活动，孩子们通常会特别喜欢其中的某一些练习活动。我们建议你先浏览一遍全书，然后再找找看有哪些自己特别喜欢的练习活动。从我们多年来的经验看，家长喜欢的练习活动一般对自己的孩子也特别有效。

只要你发现适合自己、孩子和全家的放松方法，有一件事一定要记牢：你必须要每天坚持练习。因为放松作为一种减压方式不可以断断续续。不要担心，本书中所写的一些减压练习活动一般只需要花费10～15分钟而已，如果每天坚持做，一定会大有益处。

当然，我们对孩子所说的一切其实也针对你自己。如果你主动缓解自己身上的压力，每天也花10～15分钟做做放松练习活动，你也将更加快乐，更加健康。

现在就可以找一把舒服的椅子，放上舒缓的音乐，深呼吸几次。放松全身的肌肉，闭上眼睛几分钟，然后想象自己坐在湖边，看着平静的水面，微风徐徐吹来，全身都感到舒服和惬意……想必这时候你肯定已经觉得非常放松了。如果还是不行，别着急，那就继续读下去吧。祝你好运！

作者

Chapter 1

# 第一章 在家中缓解压力

Reducing Stress in Your Home

尽管你是为孩子而买这本书，但这第一章是专门针对你的，因为你——孩子的爸爸或者妈妈——是家庭中最大的影响因素。不管家里出现什么样的压力，比如经济问题、婚姻问题、疾病、搬家——详细阅读本章内容将为你的家庭带来巨大的改观。

如果你想为你的孩子减轻心理压力，那么首先第一步要从你自己做起。本章包含的几项练习活动将让你发现自己身上的压力，让你学会如何应对它们。然后你就会发现，在家里尽管你自己没有意识到，但你却无形之中给自己和孩子施加了某种程度上的心理压力。你的生活方式健康吗？你们夫妻对孩子的管教方式让孩子感到轻松还是紧张？是不是过多的高科技产品让家中到处充满压力？

很多父母告诉我，生活太过忙碌，有时候他们觉得好像有好多事情同时发生，让人手足无措。其实生活并不一定要那样。当然压力总是会有，但是你要学会如何正确地处理和控制。本章中你要看到的几项练习活动，以及之后的一些练习都会让你和你的孩子受益良多。

如果你感觉需要更多的帮助，那就可以求助于专业人士。专业的心理医生不光可以通过减压技巧帮你减轻压力，还能让你学到不少应对压力的方法。

# 你的压力到底有多大

你是否在飞机上经历过机舱气压下降，氧气面罩落下来的情况？你要先戴上氧气面罩，然后再帮助你的孩子戴上。这其实和处理压力的方法是一样的。你要先解决你自己的心理压力，然后才能去帮助你的孩子。

毫无疑问，任何人都会有压力，只不过是有的人多些、有的人少些的问题，认清自己的压力所在是之后一切行动的起点。就像去看外科医生一样，我们要做一些检查，来看看问题到底出在哪里。

请看以下的表格，我们列出了对于父母来说，一系列常见的压力来源：比如工作问题、家庭问题、健康问题等等。请在3个选项中选择适合自己的情况，并记算最后的总分。满分是39分。

如果你算的分数在0～13之间，你的心理压力比较轻。如果你的分数在14～26之间，你有中度的心理压力，已经接近高危情况，但如果正确应用本书中的方法，你完全有可能成功应对压力。如果你的分数在27～39之间，你的心理压力非常大，可能已经开始危害你的健康，建议你尽快寻求心理顾问、专业人士或者亲密的家庭成员或朋友倾诉，赶快处理自己的心理问题，不然将对你自己和你的家庭非常不利。

# 活动1

## 家长心理压力测试

选择适合自己的选项，如果某条对你完全没有影响，可以略过。

| 压力来源 | 轻度（1分） | 中度（2分） | 重度（3分） |
| --- | --- | --- | --- |
| 工作 | 兼职工作 | 全职工作 | 每周工作超过40小时 |
| 有几个孩子 | 一个 | 两个 | 三个或更多 |
| 父母 | 偶尔需要我们照顾 | 父母因为患有慢性病，以后我们照顾他们的时间会越来越多 | 父母因为患有慢性病需要和我们长期住在一起 |
| 岳父岳母（公婆） | 偶尔需要我们的帮助 | 父母因为患有慢性病，以后我们照顾他们的时间会越来越多 | 岳父岳母（公婆）父母因为患有慢性病需要和我们长期住在一起 |
| 身体健康 | 发现自己年龄越来越大了 | 有点健康上的小问题 | 有严重的健康问题 |
| 经济状况 | 尽量花钱省着点 | 我常常担心钱不够用 | 有严重的经济问题 |
| 天气 | 每年都会有季节性的问题，比如冬天特别长之类 | 严重的天气问题，比如会有飓风或者台风等 | 家里经受过与天气相关的巨大灾难 |
| 家庭空间 | 住的稍稍有点挤 | 家里的地方不够用 | 每周都因为家里地方不够用而吵架 |

续表

| 压力来源 | 轻度（1分） | 中度（2分） | 重度（3分） |
|---|---|---|---|
| 上班时间 | 上班路上的时间不到半小时 | 路上的时间在半小时到1小时之间 | 每天上班在路上的时间都要超过1小时 |
| 外界帮助 | 有几个在附近的朋友和家人能帮忙，但还不够 | 我的朋友和家人都住得远，帮不上忙 | 我没什么能帮到我的朋友或者家人 |
| 孩子的问题 | 我的孩子与他的同学和朋友之间有些小问题，但还算正常 | 我的孩子有些中度的问题让他们不开心 | 我的孩子在学习、体质或者心理上有严重的问题 |
| 邻居 | 邻里关系有待提高 | 不太接触邻居 | 社区不太安全 |
| 其他家庭问题 | 偶尔会有家庭问题 | 家庭问题常出现 | 家庭问题出现好多而且没法解决 |
| 总分 | | | |

# 活动2

## 找到缓解压力的方式

现在你已经知道自己的心理压力有多大了，我们希望你能想想自己该如何应对这些压力。下面这些练习活动能够帮助你减轻压力（书中其他章节还有许多办法）。哪些是你能定期采取的练习活动，就在前面的方框打钩。如果是没做过的，但是可以马上（比如几天之内）开始做的，就画一个星号。这些简单的方法可以让你迅速改善自己的生活。下面就开始吧！

☐ 每天锻炼至少半个小时
☐ 和朋友聊天
☐ 读一本书
☐ 练习瑜伽或冥想
☐ 发短信
☐ 制作手工艺品或去做其他感兴趣的事
☐ 打理花园
☐ 多散一会儿步
☐ 听轻松的音乐
☐ 参加一些俱乐部和社区举办的活动
☐ 吃健康的食物
☐ 戒烟戒酒

以下还有一些能够减轻家庭压力的简单方法。哪些是你能定期采取的练习活动，就在前面的方框打钩。如果没法都做，但是可以在一周内开始做的，就在它前面画一个星号。

☐ 大家一起吃饭
☐ 开家庭会议
☐ 全家一起去教会或者参加其他活动
☐ 和亲戚们多多来往
☐ 开展家庭体育运动
☐ 在家里下棋或者进行其他室内游戏
☐ 去郊外走走
☐ 参加一些亲近大自然的活动
☐ 出门野餐
☐ 一起听音乐
☐ 一家在一起看电影

你还有别的想法吗，可以记录下来。

______________________________

______________________________

______________________________

______________________________

______________________________

______________________________

# 活动3

## 设定清晰的界限

我们都希望孩子开心，但是如果用太过纵容的方式——比如孩子想要什么就买什么，想吃麦当劳就随便吃，晚上不想睡觉就让他们多玩一会儿，那其实有害无益。对孩子说“不”表面上看让人感觉不太好，但是孩子需要这样的管教方式。实际上，研究表明，如果对孩子的行为有一些限制和约束，他们的压力反而比较少。

孩子需要一些界限和限制。他们需要吃健康的食物，需要有人主动关掉电视让他们出去玩。他们需要按时睡觉，需要负责某些家务。如果你设定了清晰的界限，并且常年保持一致，孩子在家中的压力会因此而减轻。

设定界限或者规矩的最佳方式是编写一个行为条约。可以使用下一页的图表来说明家里的各种规矩。每个孩子都需要这样一种行为准则。

## 我们家的规矩

我们是__________（家长的名字）和__________（孩子的名字），我们同意一起遵守以下家里的规矩：
睡觉时间是__________；
负责的家务是__________、__________和__________；
吃饭必须要养成__________的习惯，不可以吃__________；
每天看电视的时间不可以超过__________小时。

其他规定：

______________________________

______________________________

______________________________

设定这些规矩是因为爸爸妈妈爱你。

爸爸妈妈______________（签名）
孩子______________（签名）

# 活动4

## 不要有太多高科技产品

也许对不少人来说，美好的家庭生活就是要有不少高科技产品，比如有一台超大屏幕的液晶电视，每个人都有一部手机、一个MP3、一台电脑，还能使用高速的互联网。高科技对于大多数家庭，由其是孩子，都代表了无穷的欢乐，但过度依赖高科技会造成不必要的麻烦甚至导致不健康的心理压力。

以下是一些可能的原因：

- 噪音和过大的声音会产生心理压力
- 高科技产品会减少人和人之间的交流
- 会分散精力，分散对于外部环境的注意力
- 过多的室内活动会占用室外锻炼、活动的时间

你可以通过高科技减肥计划减轻家里的压力。研究表明，孩子一天花在电视或电脑上的时间平均有3小时。你能将此减半吗？

要想解决这个问题，可以为家庭每个成员设计类似以下的表格。这样可以发现某个家庭成员在一周内看电视或者使用某种高科技产品的时间。第二周开始，让家庭成员削减这些时间，用来读书、锻炼或者做其他有兴趣的事。在这周结束的时候，大家一起谈谈是否能够继续延续这样的习惯。

注意：孩子使用电脑做功课或者大人用电脑工作不要包括进去。不过，对于成人来说，你要考虑是不是真的要把工作带

到家里，特别是孩子在家看到你使用电脑的时候。不停歇的工作不管对你还是对孩子都是一种无形的压力。

## 我的高科技产品使用表

姓名＿＿＿＿＿＿＿＿＿＿＿　　　　第＿＿周

填写出于娱乐目的而使用某种电器或高科技产品的时间，包括电视、电脑游戏、上网和电视游戏等。

| 活动 | 星期一 | 星期二 | 星期三 | 星期四 | 星期五 | 星期六 | 星期日 |
|---|---|---|---|---|---|---|---|
| | | | | | | | |
| | | | | | | | |
| | | | | | | | |
| | | | | | | | |
| | | | | | | | |
| | | | | | | | |
| | | | | | | | |
| 总 计 | | | | | | | |

# 活动5

## 创造平和的家庭气氛

回想一下自己的童年。回忆一下那时候给你压力最大的5件事情是什么。如果不出意外的话，爸爸妈妈吵架肯定是其中之一。

夫妻在家里争论是常有的事，而孩子也会常常发脾气。马勺没有不碰锅沿的，但是还是一定要避免在家里吵架。如果你的童年生活每天都是在斗嘴、挖苦、喊叫或者其他形式的吵闹声中度过，那么由此产生的心理压力将非常惊人。

> 注意：针对儿童的和夫妻之间的暴力都是非常宽泛的问题。家中任何形式的身体暴力，即便是简单的事故，都需要引起注意。如果你的家中有这样的问题，请迅速拨打电话报警。

即便是5岁大的孩子，其实都可以学会调解或者解决家庭矛盾的技巧。学习解决矛盾的课程已经在学校开展10多年了，我们知道，它非常有效。在家中，也有好多方式能教会孩子在这方面的知识。以下就提供一个在家中可以实施的，通过和平的方式解决家庭矛盾的方法。

# 投诉箱游戏

你需要找一个带盖子的鞋盒或其他盒子、一支签字笔、一把剪刀、一张纸，还有一支铅笔。

1. 在盒子上用签字笔写上："投诉箱"，然后剪开一个小口。
2. 无论哪位家庭成员对另外一名家庭成员有任何意见或不满，都可以写在纸上放到盒子里。孩子也可以借此表示自己的不满。
3. 每周在设定的时间打开一次盒子，看看里面的投诉。
4. 有的时候，那个问题早就自己解决了，如果还存在，让写投诉的成员用两分钟的时间说明自己的不满，两分钟内，别人不得插嘴反驳。
5. 请其他的家庭成员（包括写投诉的成员）写下两种以上解决问题的方法，然后大声地读出来。
6. 写投诉的家庭成员决定采取哪种办法（包括自己和别人提出的）最好。提出解决办法的人得到一分。
7. 持续20分钟或者直到所有的投诉情况都已经解决。如果20分钟之后还有投诉，第二天接着玩。
8. 得到分数最多的人成为那一周的和平使者，获得小奖品或者大家的表扬。

这个练习活动不会一下子改变你家庭的情况，但至少是个开始。如果你感觉家庭问题还是没办法很好的解决，请求助专业的家庭心理专家或者心理顾问。

Chapter 2

# 第二章

# 别让压力压垮你

Don't Let Stress Get You Down

第一章里面，我们说到如何减轻孩子和你自己生活中的压力。本章中，孩子可以学到如何减轻自己的压力，用积极的方式处理短期无法改变却造成压力的事情。

本章中的几项练习活动将让孩子认识到造成压力的大大小小的事情，以及应养成什么样的习惯可以成功地减轻压力。你的孩子还会学习到正确的、健康的生活方式：好好吃饭、经常锻炼身体、睡饱觉、不要看太久电视或用太久电脑……这都会帮助孩子更好地应对压力。

有的孩子生来就有比较好的适应能力，遇到负面事情有能力很好地解决。但有的孩子遇到困难和问题就容易出现悲观情绪，感觉到无力改变现状。这些孩子更容易表现出生气、担心、悲伤情绪，甚至会出现健康问题。还有一些孩子会出现自我反抗的行为，他们可能会不爱做作业、故意做高危险的行为、和别的孩子甚至和大人打架等等。

我们会介绍一些加强适应力的技巧，如果孩子学会这些，会让他们比较容易能够应对压力。本章中的练习活动可以教会孩子们：

- 表达自己感受的重要性
- 同别人谈话（甚至是自言自语）可以抵御心理压力
- 解决问题要比放着问题不管好
- 积极、乐观的态度有助于减轻压力

在你和孩子一起进行这些练习活动的时候，你可能总想问一些问题，特别是当孩子告诉你一些你没注意到的问题的时候。不要做这样的事情。作为儿童心理学家，我们接触了成百上千的孩子，我们知道孩子一般不善于回应这样直接的问题。所以当你和孩子在进行本章节所提及的练习活动的时候，要尽量用“非判定”的语气来表达意思，比如“哎呀，那对你一定很难吧”，或者“我知道那是什么感觉”。你可以注视着孩子告诉他们你所了解的事情。你可以说，“你看起来有点担忧啊”，或者更具体一点：“你看起来有点紧张，你看你的小拳头都攥起来了。”你会发现，这种非判定的语气相比直接质问他会产生决然不同的效果，这会是帮助孩子培养情绪和学会应对压力的最好方式。

要教会孩子如何减轻自己的压力，家长以身作则尤为重要。如果你自己的生活方式都不对，比如吃不健康的食物、不锻炼、不好好睡觉，你肯定没法要求孩子和你不一样。如果你处理生活压力的途径就是大声喊叫、酗酒或者垂头丧气，试想你要如何让孩子做到最好呢。如果你自己都不花时间放松心情，好好照顾自己，你怎么能让孩子做到这些？

所以当你进行书中所推荐的练习活动时，首先想想自己要怎么做，然后再要求孩子。压力的负面影响对于孩子和大人都是一样的，而关于减压和放松的练习活动对于大人和孩子来说，效果也非常相似。

# 活动6

## 压力从哪里来

你知道压力是什么意思吗？它指的是在某人或某件东西上施加极端或持续的力量。当你感受到压力的时候，你的大脑就会分泌出某种化学成分，促使你快速释放能量，解决造成压力的问题。

你的大脑总会由于某种原因分泌出这些化学成分。如果你在森林里遇到一只狮子，你就需要能量赶快逃跑——尽管反应可能不会这么快。如果有的人取笑你，你就需要能量思考怎么对付他。你可能会打算揍他一顿（这样你就需要打架用的能量），但是你也会同时想比打架更好的办法。因为打架即便赢了，还会有不少后果，压力也不小。如果你在学校要考试，那么你也会感觉到压力。这样大脑就指挥你产生能量，用在思考答案上。

但是如果你的压力越来越多，这些化学成分可能就帮不了你了，甚至会让你生病。如果孩子的压力过大，他们担心的事情就越来越多。他们可能会总是上厕所，或者时不时地头痛、胃痛。他们甚至可能会头脑不清楚。

大人会有一些压力。他们可能会抱怨房子越来越贵买不起，自己的工作总是不够顺心，或者觉得自己年龄越来越大了。但是孩子也会有压力。实际上大多数孩子们的压力比成人想象中要大。以下是一些在孩子看起来非常严重的问题：

- 父母遇到了麻烦
- 和小朋友或者兄弟姐妹打架了

- 要考试了
- 私人空间不够
- 要转学了
- 爸爸妈妈离婚以后，又要各自结婚了
- 自己的钱不够用
- 和老师不合
- 妈妈生了小弟弟，没有人理我了

这些严重导制孩子产生压力的事情在你身上存在吗？如果有，用红笔勾上。如果还有其他的，可以写在下面：

______________________________

______________________________

______________________________

______________________________

______________________________

______________________________

很多鸡毛蒜皮的小事也会导致孩子产生压力。以下是一些例子：

- 起痘痘了
- 生病
- 晚上要做家庭作业
- 要做好多家务
- 青春期的时候身体产生了变化
- 家庭作业太难了
- 不知道那个人是不是喜欢我
- 哥哥或者姐姐总是欺负我

# 活动6

这些事情在你身上存在吗？如果有，用红笔勾上，如果还有别的小事情导制你产生压力，可以写在下面：

你的压力有多大？这可能会在无形之中改变你。将下页所示的图表复印一份随身携带，时不时拿出来看看。每天晚上圈上最能表达自己压力情况的对应的脸谱，然后在日历上记下表示自己的压力程度的分数（1～7分）。坚持一个月以后，看看你的压力分数是否能保持在5分以上，甚至完全没有压力。

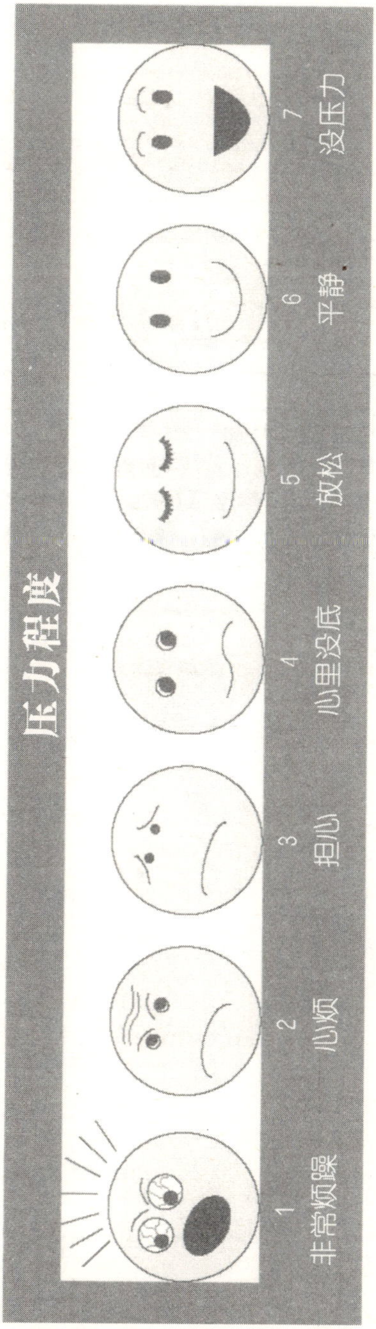
压力程度
1
非常烦躁
2
心烦
3
担心
4
心里没底
5
放松
6
平静
7
没压力

# 活动7

## 第一时间发现压力

当然，完全消除生活中所有的压力是不现实的，有一些压力你必须要承受。但是，对于这些压力，即便是减轻一点，也总归会让人感觉舒服一点。

下表能够让你第一时间发现压力的存在。你可以使用这个方法发现是什么导致了生活中存在压力，应该怎么样去应对它们。你可以让大人帮你一起完成这个表格，因为他们可能会想到一些你忽视的事情。

表格的最后一栏是非常重要的，你要在那里写上你想做什么事情来减轻那方面的压力。这本书会教会你很多处理压力的方式，很多微不足道的方法其实是非常有效的。下面就有一些你可以做的减压方法：

- 散步
- 找朋友聊天
- 听舒缓的音乐
- 做点有趣的事情分散一下注意力
- 读一本好书
- 看一部好电影
- 游泳

你还能想到别的吗，写下来吧：

# 第一时间发现压力

| 导致压力产生的事情 | 压力出现的时间* | 减轻压力的简单办法 |
| --- | --- | --- |
| | | |
| | | |
| | | |
| | | |
| | | |
| | | |
| | | |
| | | |
| | | |
| | | |

*知道压力出现的时间，这很重要。你可能会发现一些导致压力产生的事情可以在一段时间以后自然性地得到解决。你可能还会注意到，你可能会在每天的某个时候特别容易感到有压力。如果你发现了这个情况，以后就要在那个时候多多注意，主动给自己减压。

# 活动8

## 你哪里觉得有压力

身体是排斥压力的，它时刻都会让你注意到这一点。有的人一有压力就会胃痛，而有的人可能会头痛。压力能让人气喘、起红疹、手心流汗或者嘴巴发干。压力会让某些人蹲在厕所不出来，或者让某些人几分钟就跑一次厕所，这可都不是闹着玩的。

看看下面这个图，如果你觉得你身上哪个地方容易在感到压力的时候出现反应，就用彩笔涂上颜色。如果你感觉自己的压力太多了，本书的第四章也许可以帮到你。

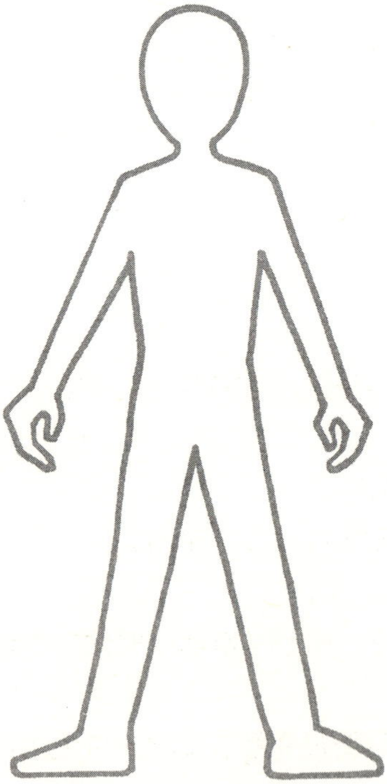

# 养成健康的生活习惯

有好多事情能导致压力，比如作业太多或者每天太忙碌，或者想着加入哪个你特别喜欢的兴趣小组。你可能已经知道，这些事情之所以让你感到压力，是因为你出现了心烦、担忧或者不开心的情绪。

但是你知道吗，即便是让你开心的事情也会产生压力。比如，下面这些也会让你感到某种压力，有些可能是你没想到的：

- 非常大声的音乐
- 电视
- 暴力的电子游戏
- 垃圾食品
- 睡不够
- 老是躺在沙发上

养成良好的生活习惯能够减轻你的压力，比如：

- 多吃蔬菜水果，少吃糖
- 晚上好好睡觉（每天睡够8～9个小时）
- 每天至少锻炼身体一小时
- 每天看电视、玩电脑、玩电子游戏的时间不要超过两个小时

养成健康的生活习惯可能没有那么简单，不过如果你主动设定目标的话，

# 活动9

也没有那么难。在下面的空格里填上你想设定的目标，然后尽量在下一周完成这些目标。

我要好好吃饭，多吃________________________________________，少吃________________________________________________________。

我要________________________________，这样就能睡得更好。

我要多锻炼身体，每天锻炼__________个小时。

我要把看电视、玩电脑、玩电子游戏的时间用来____________________________________________________________________________。

# 说出自己的感受

无论是谁，每天总会有好多好多不同的感受。仅仅在一天里，你就可能会感到幸福、悲伤、害怕、骄傲、惊讶、内疚、担心、多虑、厌烦或者兴奋——出现这种情况不仅仅只是在那一天里！

当你感到有压力的时候，你可以多注意一下自己的负面情绪。你可能会比平常表现得更生气或者更悲伤。你也可能会总是感到担心或者焦虑。身在压力当中并不会影响你的积极乐观情绪，因此你仍可以保持自信，开心和平静地生活。但是压力可能会让你不太能注意得到这些积极的感受。

下面有一个小游戏能帮助你说出自己的感受。你一定要说出自己的感受，不管是好的还是不好的，这都会让你放松下来。

# 活动10

## 掷硬币

你需要准备6枚硬币、一个计时器，还有类似下一页的情绪分类投掷表。

1.和一起进行游戏的人交替着，把硬币掷向情绪表。
2.硬币到了哪个情绪上，你就要开始说说你上次有那种情绪的情况，至少说一分钟。
3.如果硬币的位置在两种情绪之间，那你就说两种。说哪种的时候，就把硬币放在哪种上面。
4.每个人都说完三次之后，练习一次书中所写的某种放松方法。

# 情绪分类投掷表

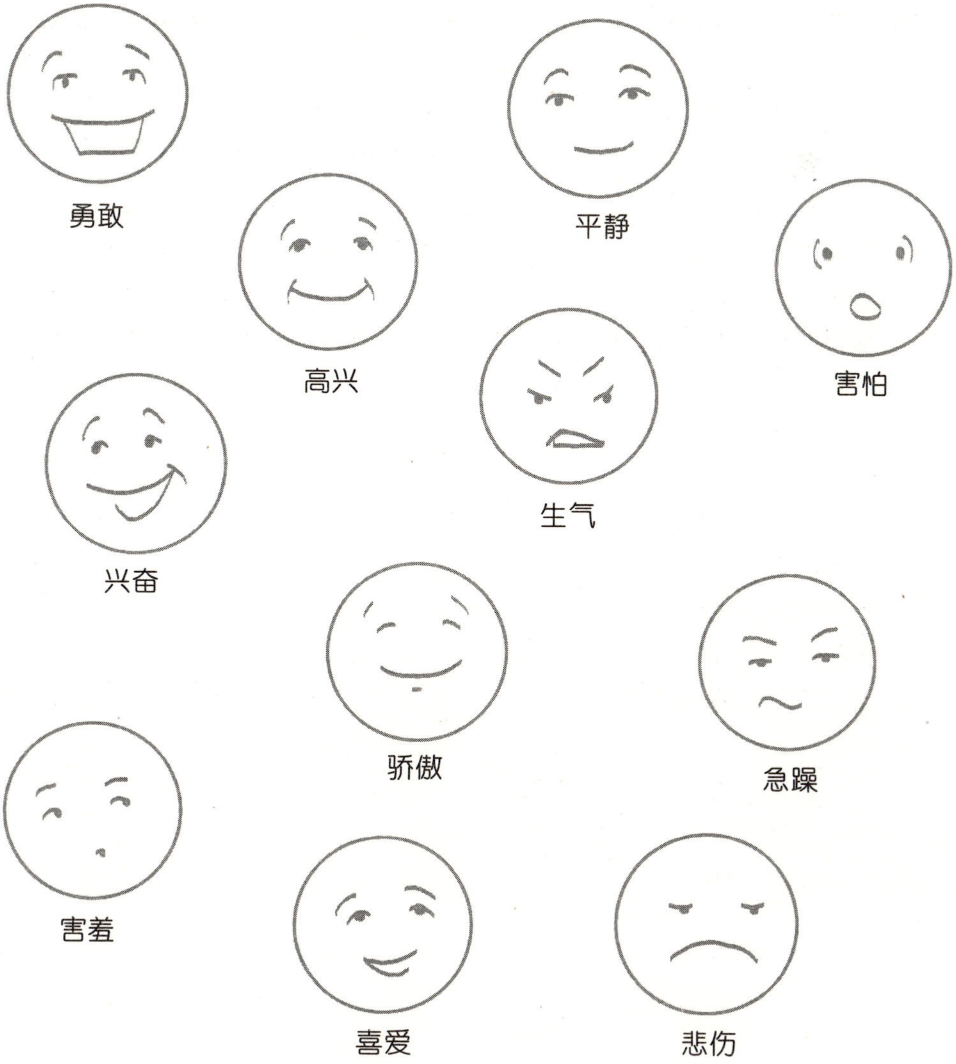

# 活动11

## 和自己说话

如果你看到有一个人在大街上一边走路一边自言自语，也许他是在打电话。而如果你看到他手里没有电话，那也许他耳朵上有一个蓝牙。如果什么都没有，那这个人的确有一点怪。可是你知道吗，和自己说话（不必大声说出来，在心里说就好）其实是一种很有效的减压方式。

如果你感到有压力，你可能会感觉疲惫或者气馁。你可以给自己打打气，就像一个教练在场边大声呼喊队员的名字给他们加油一样。你可以试试下面这些话：

- 我已经尽力做到最好了，现在已经挺好的。
- 我如果继续努力的话，肯定会更好的。
- 我不会为了这种小事心烦的。
- 我要是再练习一下，就更厉害了。
- 我就要完成了，坚持一下就好。

如果你还可以想到能让自己减轻压力的话，写在下一页的空白处吧。你也可以自己写一页“我需要知道的事”，把它放在床头、写字台或者别的你每天都能看到的地方。每天用五分钟的时间把这些话反复说给自己听。跟自己说话一开始会觉得怪怪的，但是它非常有用，绝对能够帮你减轻压力。

# 我需要知道的事情

# 活动12

## 头脑风暴游戏

罗伯特特别讨厌上学。他在阅读方面有点障碍，又不想让别人发现。有时候他一要大声朗读，胃就开始疼，只能去医院看病。

杰米的父母最近离婚了，她不想每隔一个周末就要去爸爸那里。她想周末和自己的朋友一起玩，但是爸爸那边太远了没法和朋友们见面。杰米打算再也不和爸爸说话，没准爸爸以后就不让她去那边了。

凯拉在学校总是孤零零一个人。她不明白为什么别的女孩子似乎都不喜欢她，她晚上总是哭着入睡。而且她还不敢大声地哭，怕爸爸妈妈听到后会因此担心。

你看出来这三个孩子有什么共同点了吗？他们因为不同的问题而产生了压力，但是他们没有一个人能找到好的解决办法。实际上他们现在的做法只能让事情变得更糟。

他们三个就像其他好多孩子，甚至好多大人一样，只能想到一种解决问题的办法。其实解决问题的办法有好多种，总有比较可取的方式。

下面这个小游戏能够教给你如何应对造成压力的事情，想到多种多样的办法。这种方式叫做头脑风暴。这是一种能让大脑放松，发散式地想出好多点子的创新方法。不管是好的还是不好的，先想出来再说。

# 头脑风暴游戏

你需要准备一个垃圾桶、一些纸、铅笔和一个计时器。

1.至少找另外一个人和你一起。
2.把垃圾桶放在面前。
3.给每个人一支铅笔和一些纸。
4.设置定时器每5分钟响一次。
5.5分钟之内，每个人考虑如果不用垃圾桶来装垃圾，可以做什么，想得越多越好，写在纸上。不用管是不是合乎逻辑，是不是实际等等，想到什么就写什么。这样做的目的是找到更多的思路，而不是答案。
6.想到用途最多的人就是赢家。

现在你就知道头脑风暴的原理了吧。如果你什么时候想锻炼一下自己的想象力，就可以做一做这个游戏。你可以用别的东西来代替，比如牙刷、苍蝇拍或者线团什么的。

但是，最终的目的是要用在如何解决压力这个问题上。在下一页的头脑风暴练习活动表上，写下一个最近让你倍感压力的事情。用5分钟的时间来讨论如何解决这个问题，看看你能想到多少种办法。你可能会需要别人和你一起，因为两个人会想出更多、更好的主意来。

# 活动12

## 头脑风暴练习活动表

我的问题是：________________________________

解决的办法可以有：

________________________________________

________________________________________

________________________________________

________________________________________

________________________________________

________________________________________

________________________________________

________________________________________

________________________________________

________________________________________

现在回过头去，把那些你觉得好的办法圈起来。在这些可行的办法中，排出第一好、第二好、第三好的办法。

下一步就是尝试去实施这些好的办法。如果一个不行，试试下一个，依此类推。如果都不行，那再来一次头脑风暴吧。

# 乐观主义者还是悲观主义者

有的人特别容易出现负面情绪，总觉得要有不好的事情发生了。而有的人就抱着乐观的态度，总觉得好的事情要到来了。我们将抱有悲观态度的人称作悲观主义者，抱有乐观态度的人称作乐观主义者。你是哪一种呢？

以下的陈述中，你觉得哪项符合自己的生活，就圈起来：

1.我的生活太糟糕了。
2.我现在有一些问题，但慢慢就会好的。
3.没有人听我说这些。
4.我知道好多人比我的问题还要多。
5.爸妈不理解我。
6.我有问题的时候，我知道爸妈会帮助我的。
7.我觉得我的问题没法解决。
8.别人有问题的时候，也会找我求助。
9.没有人喜欢我，甚至我的朋友有时候也欺负我。
10.我有好多朋友，我喜欢认识新朋友。

现在看看你选择了哪些。选择奇数序号比较多的人，有悲观主义者倾向。选择偶数序号比较多的人，有乐观主义者倾向。

你知道为什么乐观主义者比悲观主义者要好吗？有好多原因。乐观主义者朋友比较多。他们的情绪问题比较少，也不太容易出现压抑的心情。他们觉得自己的生活非常开心。还有最重要的一点：乐观主义者比较懂得怎样应对压力。

研究表明，乐观还是悲观有天生的成分。但即便你是天生的悲观主义者，你完全可以改变自己看待事情的方式。想知道你是否能做到这一点，可以看看下一页，你会发现一个思想转换器。负面的思想从一边进去，正面的思想从另外一边出来。写下你对自己或者对生活的10个负面思想，看看你有没有能力和办法将它们转换成10个正面的思想。

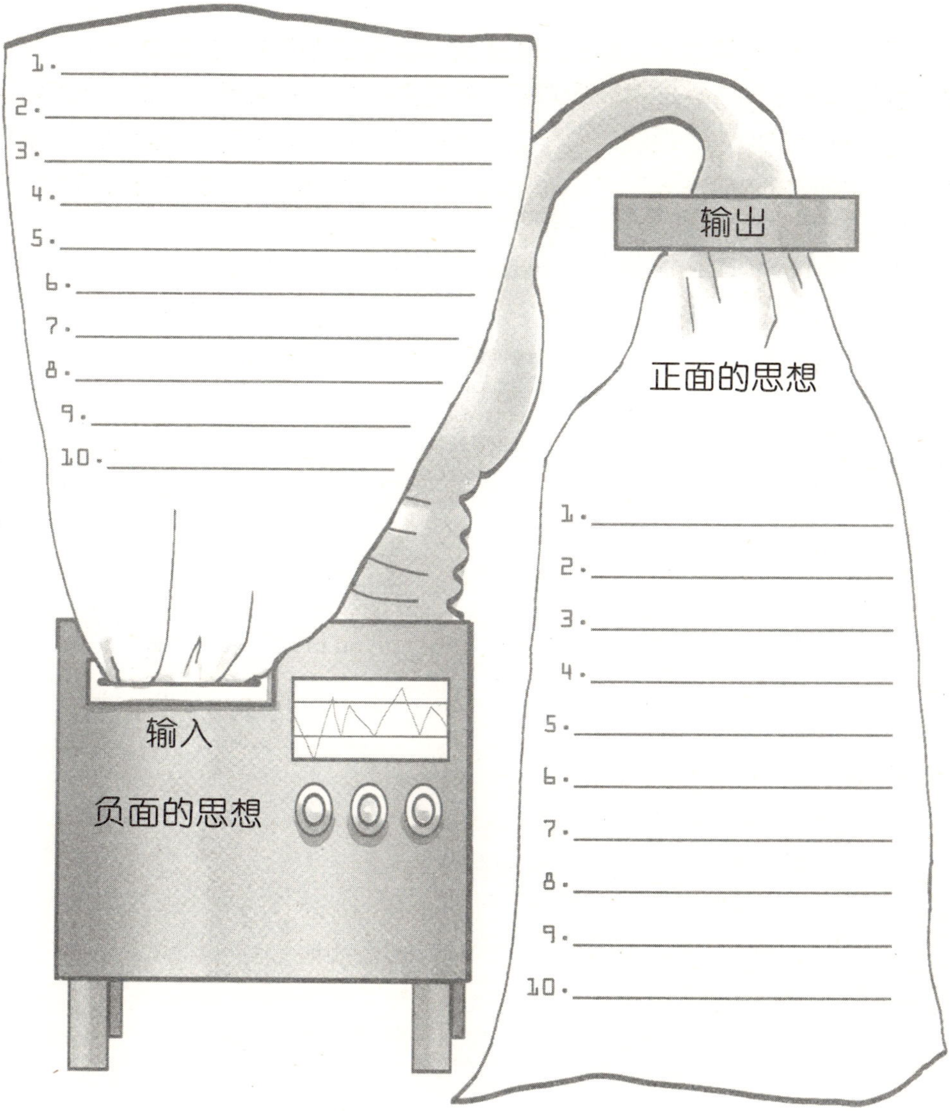
1.
2.
3.
4.
5.
6.
7.
8.
9.
10.
输入
负面的思想
输出
正面的思想
1.
2.
3.
4.
5.
6.
7.
8.
9.
10.

# 活动14

## 感恩的态度

不少人认为，乐观地看待事物不仅会让我们高兴起来，还会让我们的生活大为改观。我们知道，如果专注在一件我们感恩的事情或者好的事情上的时候，我们会比较开心。

即便是在你觉得什么都不对劲儿的时候，你还是可以在其中找到好的事情的。你可以告诉自己，某件事情坏到极致是不可能的，其中总会有好的方面。跟悲观的自己说再见，尽量去想那些好的部分。

这里有一个小实验：在两天的时间内，爸爸妈妈无论帮你做了什么，你都保持笑容跟他们说谢谢，至少每天说6次。告诉他们你非常感谢他们所做的事情，或是给他们一个拥抱。看看这之后他们的态度会产生什么变化。感受一下感恩的心态是什么样的。同样也把这一套方法带到学校去，或者兄弟姐妹之间（这可能会比较难，不过你可以尽量尝试）。

如果你发现自己变得开心了，那么就在实验中加上一项：每天晚上睡觉之前，想十件你觉得应该感恩的事情。如果某一天你有什么特别高兴的事情，也可以想想。如果你的爸爸妈妈有时间听你说这些事情，那就更好了，如果暂时没空，那你就自己跟自己说。这个练习活动一开始会不太习惯，慢慢就会成为生活的一部分。一段时间以后，我相信你只要随便想，就能想出十件值得感谢的事情。

我们希望这个感恩实验会让你的生活充满爱、温暖和开心。

Chapter 3

# 第三章

# 正确呼吸：放松的关键

Correct Breathing: A Key to Relaxation

呼吸很重要，你只要屏住呼吸维持6秒，就会明白这一点。每一分每一秒，我们身体的每个细胞都需要氧气。氧气让我们能够进行新陈代谢、产生新的血液、排出体内的二氧化碳和毒素、加强免疫系统等等。如果缺氧，大脑会发出警告，让人体赶快补充氧气。

呼吸的方式非常重要。准妈妈在生小孩的时候，医生都会告诉她采取快速的浅式呼吸，因为这样会让她们注意力集中。而运动员就要采取深深的、稳定的呼吸方式增加耐力，歌手在唱歌的时候则要保证吸入足够的气体，以便发出持续、优美的声音，气体的流速一定要调整合理，让声带能够正确地震动。

放松的过程需要某些特定的技巧，叫做横膈膜呼吸法（给孩子们讲解的时候我们也会叫它腹式呼吸法），你和你的孩子都可以学习这种方法。腹式呼吸法是一种非常有效的、让身体和大脑平静的方式。

科学家发现，压力会让我们的呼吸短促、并且使呼吸的用力点上移到中上胸腔。这样的呼吸会让我们积攒力量、集中注意力，但同时也降低了人体新陈代谢和自然免疫系统的效率。这就是为什么压力会对人体有害的原因。

腹式呼吸法能够减轻压力，这其实并不是最近的发现。几个世纪以来，很多国家和民族都发现了调整呼吸方式能够让人放松，而最新的科学研究也已经证实腹式呼吸法的可行性。

## 尝试腹式呼吸法

在教孩子腹式呼吸法之前，首先你要自己尝试一下这个技巧。所谓横膈膜呼吸法或者腹式呼吸法，指的是用小腹而不是胸腔发力，慢慢地深深地呼吸，把注意力放在肚脐上面两寸的地方。注意小腹突起和下落的过程，就是一个集中注意力和放松的过程。

在呼吸的时候，尽量保持稳定的气流，但不要刻意控制吸气和呼气。只要把注意力放在呼吸的感觉上就可以。如果这时候还是会想到别的事情，不用刻意不想，随意放松就可以。

这时候可以教孩子运用腹式呼吸法了，可以用下面的话，或者类似的教授方法讲给孩子听。告诉孩子，尽管学习腹式呼吸法一开始会觉得有点别扭，但它其实是非常简单、非常有趣的。

## 腹式呼吸法基础

首先让孩子找个舒服的地方坐下，双腿垂直落地。然后告诉孩子：

我们用几分钟的时间来做一个呼吸的游戏。首先把双手交叉放在肚脐上方一点的地方。慢慢闭上眼睛……很好……脸颊放松，保持微笑，或者可以想象自己在微笑。呼气、吸气，呼吸的时候注意一下小肚子在一起、一伏。现在让自己的呼吸更慢一点，我们一起来，心里默念呼气……吸气……呼气。

然后让孩子用这种方法持续呼吸一分钟到三分钟。心里默念的方式并不重要，目的只是让孩子注意到他们呼吸本身的过程。之后，问孩子感觉如何，是不是感觉做了腹式呼吸以后更加放松了？

如果孩子这样还是做不好腹式呼吸法，可以让孩子平躺，在小肚子上放一个小玩具或者是小布偶什么的。让他感觉到那个小玩具在随着呼吸一起一伏。如果他不愿意做，可以给他一点小东西，当作游戏的奖品。一旦你让孩子学会了腹式呼吸法，他就可以继续学习本书中其他关于减小压力的方法。每一个联系的目标各有差异，尽量能够都尝试一下。

如果在使用本书其他放松技巧的时候，同时采取腹式呼吸法，并且放上轻松、舒缓的音乐，实际的效果会大大增强。最好是古典音乐或者是那种让人放松的轻音乐等等。

最重要的事情是，要保证使用其他放松方法的同时一起进行腹式呼吸。不管今后你和孩子采取书中写的哪种放松方法，先做几分钟腹式呼吸最好不过了。

每天最好能坚持进行10～15分钟的腹式呼吸，并且找到一个舒服的座位集中所有的精力练习放松技巧。练习的时候最好关掉手机，并告诉家人不要打扰你们，或者就邀请大家一起做。无论如何，目的只有一个，就是让孩子和你自己的身心得到最大的放松。

# 用腹式呼吸说话

学会腹式呼吸之后，你还可以用这种方式来练习：

平躺或者找一个舒服的座位坐好，双腿放在地上，闭上眼睛，把手放在肚脐上方一点的地方。

深深地呼吸。感觉自己随着每一次呼吸而越来越放松。注意自己的每一次呼气和吸气。

每次呼气的时候，在心里默念自己名字的第一个字。比如，你叫马克，那么呼气的时候，心里默念“马……”，然后吸气，再呼气的时候，心里默念“克……”，然后再吸气，依此类推，也可以想一句简短的话，一次呼吸说一个字，把整句话说完为止。

完成之后，体会一下感觉如何。如果还是有压力，可以再做一次，或者换一句话试一试。不管这句话多长多短，都没有关系。

你可以自己决定什么时候可以使用这种腹式呼吸法，比如说考试紧张的时候，或者在学校身边有一个特别讨厌的人，或者在医院等着打针的时候。

想出5个容易感到压力，但可以使用腹式呼吸法进行缓解的时刻，写下来：

# 活动16

## 我有多伟大

这是另一个运用腹式呼吸法的方式，提醒自己，自己有多么与众不同。

平躺或者找一个舒服的座位坐好，双腿放在地上，闭上眼睛。把手放在肚脐上方一点的地方。感觉自己的小腹随着呼气吸气而一起一伏。现在慢慢数数，然后每数一个数，就呼气或者吸气，慢慢地呼吸……

随着每次呼吸，想象着自己越来越放松，全身的肌肉都放松了。告诉自己，全身放松……然后重复两到三次。

现在是最重要的部分了。吸气的时候，心里默念："我是……"然后呼气的时候，心里默念"我很平静。"

再次吸气，心里默念："我是……"，然后呼气，心里默念："我很开心。"

依此类推，你可以组合各种各样的句子，告诉自己，自己有多伟大，多幸福。

比如：

"我是……勇敢的。"
"我是……善良的。"
"我是……一个容易相处的朋友。"

你还能想到别的形容自己的好句子吗？写在下面，以后做腹式呼吸的时候可以用：

1. ____________________

2. ____________________

3. ____________________

4. ____________________

5. ____________________

# 活动17

## 我最喜欢的事情

列出自己最喜欢的事情、最喜欢的地方或者最喜欢的人。比如：

- 奶奶拥抱你
- 和家里的狗狗玩耍
- 和最好的朋友在一起
- 玩家里最喜欢的玩具

仿照下一页做一个列表，写下最喜欢的事情。然后放到每天可以看到好多次的地方，比如冰箱或者日记本。

当感觉有压力的时候，做三次深深的腹式呼吸，让自己随着呼吸而越来越放松。然后从列表中选择一件最喜欢的事情。仔细地用心想那件事情，看看能想到多少。如果是食物的话，能想到那个味道吗？如果是地方的话，能想到当时在那里的情景吗？心里想个几分钟，并且同时采用腹式呼吸法做深呼吸，看看会有什么变化。

# 我最喜欢的事

## 活动18

# 随着开心的想法呼吸

你是否想过你可以改变自己的情绪？当同桌往你的铅笔盒里放了可怕的虫子，或你的小伙伴玩游戏不找你一起的时候，你是否想过其实你不用恼火？你是否想过，在班级里发言的时候完全可以不用紧张？

其实你可以改变自己的情绪，就像你看电视时换台一样简单。你可以用下面所说的呼吸游戏来帮自己更加放松，让自己更加乐观，使自己的情绪得到控制。不要故意忽略自己的情绪。只要在呼吸的时候专注在新的、正面的情绪上就可以。

舒服地坐在座位上，双脚落地，闭上眼睛。深深地吸气三次，心里默默地数数：一……二……三。然后再慢慢地呼气，默数：一……二……三。

吸气的时候，对自己说：吸进来阳光。呼气的时候，对自己说：呼出乌云。

这非常简单，很容易学会。吸气的时候，心里想着高兴的、积极的事情。呼气的时候，心里想着把不好的、消极的事情呼出去。很简单吧。吸进正面的东西、呼出负面的东西。

下面有一些例子，你可以练习：

- 吸进来友谊……呼出去孤单
- 吸进来放松……呼出去压力

- 吸进来幸福……呼出去悲伤
- 吸进来勇敢……呼出去害怕

在下面的空格上，填写一些你在吸气的时候可以想的积极、正面的事情或者情绪，再写上呼气的时候可以想的消极、负面的事情或者情绪。之后配合着呼吸来做练习：

吸气的时候想：____________ 呼气的时候想：____________

吸气的时候想：____________ 呼气的时候想：____________

吸气的时候想：____________ 呼气的时候想：____________

吸气的时候想：____________ 呼气的时候想：____________

吸气的时候想：____________ 呼气的时候想：____________

吸气的时候想：____________ 呼气的时候想：____________

Chapter 4

# 第四章 通过引导式冥想放松

Relaxing Through Guided Imagery

想象一个足球明星站在罚点球的位置上，这是决赛的最后决胜球。他全部精神都集中在那个足球上。他开始想象他希望出现的情形。而接下来他真的踢进了这个点球，队友欢呼着向他跑来，他们最终获得了比赛的胜利，全场都沸腾了。

在实际比赛中，很多运动员都会使用这样的心理练习加强自己的精神力量。我们叫它冥想。在冥想中，人们会看到自己想要做的事情。

引导冥想，是其中一种：它是由舒缓的

想象而间接引导的冥想。当人们听到CD机或者别人所发出的指导性语言的时候，会随其展开自己的想象。研究表明，冥想有利于人的身心健康。做10～15分钟的冥想就能使血压下降，减少血糖和胆固醇的血液含量，抵抗压力的侵袭。引导式冥想可以用来帮助人减轻体重、消除焦虑、缓解疼痛、加强创造力和工作表现。

听起来不错，实际情况到底如何呢？原理是这样的：引导式冥想以身心的联系为基础。人的大脑有时候无法区分真实体验和虚拟的体验，因为它们对身体的作用是一样的。比如，我们在书中看到一道美味佳肴的时候，我们就可能开始分泌口水。因为大脑会开始构建这道菜的味道、气味、口感等等。大脑发出信号，让身体做好进食的准备，所以我们可能会开始觉得肚子饿了。

你可能不知道的是，你每时每刻都在进行想象，因为想象和各种感觉都是相关的。比如，你会想象和公司老板有一些争吵，想到他可能说出一些难听的话。这些想象激发了你愤怒和恐惧的心理，你的身体可能会有反应。要知道无论何时，身体都会受心灵的影响。

## 引导式冥想和儿童

引导式冥想能够帮助你的孩子吗？想想看，孩子总是用想象力构建自己的小世界。孩子其实对想象力更加驾轻就熟。你可以很容易地通过这个方式解决孩子的小问题，让孩子放松，因为孩子天生就会想象各种各样的事情。

这样的技巧可以在放松的练习中同时应用。在这个过程中，人们的自我恢复、成长和学习的程度都会快速发展。作为施加引导的你，不要强迫孩子想什么特别的事情，让孩子自由发挥，让孩子自己去想有什么让他们感到自信、满足的事情。通过激发自我意识，引导式冥想其实只是让孩子发现自己具有想象力这个巨大的财富，一个大自然赐予的礼物。

# 开始冥想：实践一些技巧

引导式冥想可以分三个阶段：

1.练习活动19可以让你和孩子在冥想之前充分放松身体。记住，放松是一切的基础。

注意：我们建议你进行一到两次这个放松训练，以熟悉它的感觉和过程。你可以把它用录音机录起来，供将来使用。

2.可以用一段话来引导孩子进入冥想。当然如果你觉得有必要，完全可以用其他的台词来满足孩子和你的实际要求。在引导台词结束之时，可以让孩子想一个你可以稍后用来提醒他进入冥想中正面思想的信号（可以伴随某种肢体接触）。结束冥想的时候，帮助孩子慢慢从冥想中恢复。比如给他一杯水或者一个拥抱，也可以轻轻拍拍他的背。记住，孩子刚刚经历了一场精神旅程，比如进入到一个魔法世界等等，他需要一点适应的时间回到现实中来。

3.完成以后做一点代表结束的举动。这时候你要和孩子分享他所得到的东西或者探求他心里的不愉快等等，也可以验证这种办法哪些部分对孩子是有用的。记得不要过多干预孩子的表达和陈述。这时候你要引导孩子自己找到答案，不要强加给他。鼓励孩子把他精神之旅的过程画出来或者写出来，你也可以写一些简略的过程，帮助你以后回忆细节。

如果你的孩子有一些特殊的问题，可以每天做一次15～30分钟的冥想练习，坚持几周。如果能几个人一起冥想，效果可能会更好。

在实际进行冥想之前，一定要和孩子说明全部相关内容。我们推荐把这些冥想叫做“冥想小游戏”，因为孩子一般来说会对游戏比较感兴趣。在给他讲解冥想过程的时候，语言一定要简单，不要把事情说得特别复杂，只要告诉他，可以自己发挥想象力。让他学着闭上眼睛，做几分钟的腹式呼吸，然后利用不同的感觉做自己的想象力训练。比如：

- 想象刚出炉的蛋糕、鲜花、刚割过的草的气味
- 想象柠檬，或者其他孩子最喜欢吃的东西的味道
- 想象爸爸叫他名字的声音、猫咪叫的声音、风吹过树林的声音
- 想象猫咪的毛，或者脚下的细沙、阳光洒在脸上的感觉

把感觉或者情绪等讲述出来，也是进入冥想非常重要的途径。

最好是创造一个安静的、不受打扰的环境。如果播放轻柔的音乐，可以加强冥想的效果。音乐也可以作为一个冥想的媒介，比如可以每次都播放一样的音乐，这个可以作为一个引导的因素，提醒身体进入放松状态。

让孩子每次都把手放在一样的位置（比如，肚脐上方两寸的地方或者放在胸口）。通过练习，也可以让孩子通过肢体的动作，提醒自己正在进行冥想。

冥想可以激发不少情绪和加强身体的敏感度。这个是自然的也是正常的。作为一种引导，家长的任务就是聆听，静静地听，不要给过多的建议、引导和干预。如果需要的话，最多就是告诉孩子：“继续”“还有呢”或只是简单的语气助词。

这个技巧没有什么对与错，可以按照临时情况发挥。随着练习的不断增加，进入冥想也会越来越顺利。一定要记得，冥想是一个不断的互动过程。要和孩子一起努力，在进行的时候随时按照实际的情况调整做法。你和孩子之间的联系和关系是这个活动的一部分，要相信自己。

# 全身放松

在引导式冥想开始之前，做下面这样一个练习，当然，具体内容你可以自行调整。首先，找到一个安静的环境，自己做几次深层次的腹式呼吸。让孩子平躺、眼睛闭上或者坐在椅子上，双脚落地，双手交叉放在小腹上。如果孩子不想闭眼睛，也可以盯着房间里某一样东西。尽量让心绪放松。然后开始阅读或者播放引导台词，台词要慢慢地、声音平和地读，必要的时候要稍作停顿。

# 活动19

## 全身放松引导词

*现在，闭上眼睛开始放松。用腹式呼吸，深深地吸气……呼气……吸气……呼气。吸气的时候小腹突起，呼气的时候小腹回落。不要着急，慢慢地放松，放松。很好，现在你开始放松了，什么烦心的事也不想了，自己慢慢地平静下来。每次呼吸都让你的全身更加放松。忘掉不愉快的事情，把平静和放松吸进来，把悲伤、担忧和压力呼出去。对了，就是这样，深深地呼吸，慢慢地放松。现在想象在自己的头顶上，有一个温暖、通明的光球。想象这个温暖的光球从头顶进入了自己的身体。温暖的光让整个人都放松下来，让身体紧张的地方慢慢放松。这团温暖的光慢慢照亮了你的前额和脸颊，把紧张都带走，让你的眼睛、你的下巴、你的嘴巴都慢慢放松。看着这团光慢慢移动到了脖子和喉咙。你可以把手放在那里。对了，把那里的不痛快和压力也都赶走，就让它们远离，对的，就是这样，压力越来越少，越来越少。让温暖的光球从脖子再往下，到了肩膀，让那里的肌肉也放松。光球分成了两个，慢慢移动到了胳膊，让胳膊也非常放松，又到了双手。双手觉得非常温暖和踏实。光球把所有的压力从指尖挤了出去。现在光球又合成了一个，到了背后，从脊梁骨慢慢往下移动，让整个后背慢慢放松。这团光移动到了身体的前面，这时候深深地吸一口气。对了，把这团光吸到了胸膛里。把双手放在胸口上，让这团光环绕着身体，赶走这个地方的所有悲伤和不愉快。压力越来越少、越来越少，最后一点压力也赶走了。好了，现在再深呼吸一次，光球就到了小腹那里，让那里也慢慢放松。现在光球分成了两个，移动到臀部，那里也开始慢慢放松，现在整个上半身都放松了。两个光球慢慢顺着两条腿往下移动，那里的压力开始慢慢消失，光球到了膝盖，到了每个脚踝。光球到了两只脚，把所有负面的感觉都从脚底挤出。压力越来越少、越来越少，好了。现在两个光球开始慢慢扩展，最后光亮布满了全身，如果全身还有哪里有压力，这时候也放松了。全身都放*

*松了，慢慢地，你感觉到温暖、放松和安心，就像你浮在半空中一样，全身被光亮照耀，全身都放松……*

# 秘密空间

这个练习非常好，想必大人和孩子都会很喜欢做。这是最重要的一种冥想练习方式，因为即使孩子无法完全改变外部的世界，他也完全可以从中得到安全和放松的感觉。

这个很简单。孩子可以通过想象进入一个美妙、平和的空间。这个地方可以是实际存在的，也可以是孩子虚拟出来的，这都没关系。最重要的是，这个地方是他的个人空间，非常美丽而安全，他可以随时通过冥想来到这个地方，放松自己、摆脱痛苦、烦闷和担忧。

这个练习有一点不太一样，因为你在引导孩子的时候，他要给你一些反馈。你要跟孩子解释，在这个冥想游戏中，你希望他大声回答你的问题。如果他没能第一时间回答问题，要耐心地等待。

在冥想中，一定要让孩子告诉你那个地方是什么样的。他是不是发现什么好东西了，是不是和刚开始的时候比有不一样的感觉，以后如果他还想去的话，是不是有什么魔法咒语或者某种方式，能一下子就回去，比如，是不是可以通过某个小玩具或者某个小物件作为回去的引导物。

记得要在开始这个冥想之前，做一些全身放松的练习，然后开始念引导词，慢慢地、轻轻地，必要的时候可以稍作停顿。

# 秘密空间引导词

*闭上眼睛，慢慢地、深深地呼吸。你可以感觉自己的身体很放松，开始慢慢摆脱烦乱的思绪。感觉自己的每次呼气、吸气。周围非常安静，你能听到自己的呼吸。告诉自己，我非常平静、非常放松。很好，想象一个美丽、安静的地方，这个地方就像一幅画一样，这里让你感到非常平和和安全。让自己慢慢进入这幅画，慢慢来。这个地方可以是某个你去过的或者没去过的地方。你在那里非常安全，那里是你自己的国度。如果你不准的话，什么东西都没法进入那里。如果你到了那里，就动动手指头或者点点头让我知道（如果他有反应就继续，如果没有，继续引导孩子进入那个他幻想的地方）。很好，现在看看这个地方都有什么。你看到什么了？你听到什么了？（让孩子有一定时间想象，然后再告诉你，不要急着往下进行）这里有什么气味呢？谁在那里呢？看到什么东西了吗（继续让孩子有一定的时间给你反馈）。很好，现在我们好好地在这个秘密空间里待上一会。感觉自己在这里好开心吧？好，很好，让自己就像一个海绵一样，把这里的所有美妙和安全还有舒服的感觉都吸进去。这些美好的东西都是你自己的，如果你愿意，你什么时候都可以再来。你知道怎么做吧，你可以找一个东西或者想一个动作，以后你只要拿着那个东西，或者做那个动作，就有魔力能让你重新回到这里来。你想用什么东西呢？很好（如果孩子不选某个东西或某种动作，都没关系）。现在你有随时回来的能力了。现在如果你准备好了，我们就要回家了。慢慢地，注意自己的呼吸，呼气……吸气。身上开始有感觉了，也开始听到屋子里的声音了，是的，我们到家了。现在慢慢睁开眼睛吧。你感觉非常放松和舒服。从秘密空间回来的你，感觉自己非常不一样，好像换了一个人对吧？*

# 活动21

## 守护小精灵

如果爸爸妈妈告诉孩子有一个小精灵或者小天使能在他遇到困难的时候出现，给他帮助等等，大多数孩子都会特别感兴趣。多数童话故事里都会有精灵或者天使这种角色。这些小精灵有办法帮助孩子完成挑战，比如说，可能有一只睿智的猫头鹰帮孩子完成考试，一只爱玩耍的海豚帮害羞的孩子加入小朋友中一起游戏，或者一只勇敢的狮子帮孩子鼓起勇气去看牙医。小精灵可能是一种守护天使、一个虚拟的人物甚至可能是家里的一个成员。最重要的是，孩子要通过练习学会如何跟这个小精灵“沟通”，小精灵能为他展现出智慧、友爱、安全等等。孩子可以通过从小精灵那里得到的礼物和建议解决自己的问题，缓解自己的压力，或者哪怕可以稍稍比较安心。一般来说，你会希望孩子的价值观和信仰都能和你达成一致。记住，你的作用仅仅是耐心聆听孩子的想法，给孩子充分的空间来做他们需要做的事情。

要给孩子足够时间让他们讲述他自己的小精灵，因为孩子有时候会想象自己拥有好多个小精灵。他想要的小精灵是什么样的？他发现了什么？有什么惊喜吗？这样的想象对他有帮助吗？他和之前有什么不一样了吗？你可以让孩子用画画或者写作的方式描述他自己的小精灵，然后挂在屋里看得见的地方。

一旦孩子开始相信这些富有想象力的事物，他就会从中获益。你就准备好大吃一惊吧。

记住，做这个练习之前要做全身放松。用轻柔、缓慢的语气，引导孩子进入境界，可以时不时地停顿一下。

# 小精灵引导词

把注意力放在小腹上，慢慢地、轻轻地呼吸，让你的全身放松，让身体所有紧张都从脚趾排出。很好，静静地听自己的呼吸，感觉很舒服、很放松。现在你很平静，慢慢地，你到了你的秘密空间，在那里，你感觉非常好、非常舒服。很好，慢慢来，现在想象一幅画或者一个场景，那里面有一个小精灵，慢慢地来到你面前，让你感觉非常放松，这个小精灵会帮助你的，它可能是一个小动物，或者一个人，或者是一个小天使。仔细看看，它到底是什么样的呢（给孩子一点时间让他自己想象出这个小精灵的形象）？你的小精灵非常聪明，它也非常喜欢你。不管以后有什么样的困难，它都会帮助你的。现在它越走越近，你看清了吧。看清了它的样子，就点点头吧。现在小精灵已经来到你身边了，它是什么样的呢？可不可以告诉我呢？（给孩子一些时间回答）很好，现在问问你的小精灵，它叫什么名字呢？慢慢来，问问它，不要着急。如果你心里有什么问题，就让它来帮助你吧，你想知道什么事情，你怎么才能解决遇到的问题、怎么样心里能好过一点，你都可以问它。它就在这里帮助你，它会给你一种感觉、一个思路或者别的什么东西。不管它给你什么，这都是它送给你的礼物。现在看看，它给你什么了呢？（给孩子一点时间让他回答）很好，不管是什么，它都在帮你解决你的问题呢：它会让你更勇敢，更安全。

现在问问你的小精灵关于它给你的礼物吧。慢慢来，问完以后，要对它说“谢谢”，感谢它的帮助。因为你说的“谢谢”，也是给自己的一个礼物。慢慢来，很好。如果你准备好了，把注意力放在小腹上，深呼吸……慢慢地，我们要回家了。你开始听到屋子里的声音，然后慢慢的张开眼睛。你感觉非常美妙、非常轻松吧，好幸运啊，有这样的朋友，无论何时都能够帮助你。

# 活动22

## 治愈彩虹

这个冥想训练可以用来减轻疼痛。让孩子平躺或者舒服地坐在椅子上，双脚落地，双手放在腿上，掌心向上，闭上眼睛。首先确定已经做过全身放松的练习，然后开始下面四个步骤，然后再看下一页的引导词。

1.问问孩子身体哪个部分感觉疼痛。

2.让孩子告诉你感觉到有多痛，如果从1到10来划分的话，这个有几分痛呢？如果是更小的孩子，可以让他用手比划，疼痛或者不舒服感觉的级别。你可以教给孩子，两手掌合在一起就是不疼，分开的越多就越疼。在结束冥想之后，再次问问孩子，现在有多痛了，通常来说，疼痛的感觉都会缓解，甚至消失。

3.问问孩子，他感觉到的疼痛是什么样的，什么颜色，什么形状？不管他说什么都没关系，给他正面的回应。问问他，那个疼痛是热的还是冷的？你要明白，这里没有标准答案，只要孩子能和想象中的疼痛互动，说出他的感受就可以了。

4.问问孩子，他的“自愈能力”是什么样的，什么颜色。疼痛能让我们感觉无助，因此让孩子相信自己有对付疼痛的魔法能力，可以帮助自己减轻痛苦。告诉孩子，我们内心精神的颜色、疼痛感觉的颜色或者治愈能量的颜色都会因为他使用自己的治愈和冥想力量而发生变化。这是非常好的办法。最后的目标是让孩子自己发挥想象力，找到适合自己的方式，这个过程一定要耐心。

## 治愈彩虹引导词

*现在深深地吸气，然后呼气，放松你的身体，让你的注意力集中在自己的呼吸上，对了。让身体里所有的紧张都消除，让自己放松，不要管疼痛的感觉。现在，我们来想象一道明亮的、色彩缤纷的治愈彩虹，那上面有你所需要的治愈颜色。就让这些色彩缤纷的光来帮助你。耀眼的光，从你的头顶进入，你想让它们到哪里去，光就到哪里去。让这股光亮流到全身各个地方。很好，现在让含有你专属治愈颜色的光把所有疼痛和难受的感觉（按照孩子所说疼痛的地方）都冲走。这些都是不好的感觉，我们让它们赶快消失吧。很好，越来越少了……越来越少了。很好，保持自己的呼吸，深呼吸……用小腹，深深地吸气……呼气。很好，现在我们来检查一下自己。眼睛还是不要睁开。现在疼痛是什么颜色了呢？告诉我吧。（这时候等孩子告诉自己，给他一点时间）很好，那现在疼痛是什么形状的呢？还是那么疼吗？（多给孩子一点时间让他想象疼痛的颜色、形状或者疼痛可能发生的改变，时间长一点没关系）现在，如果疼痛从1到10打分的话，是几分了呢？好的，再次深深地吸气、呼气，用小腹吸气……呼气，保持放松的状态。现在看一看，感觉一下你的治愈彩虹。如果你还有疼痛的话呢，就让有魔力的光再次流进身体里，把剩下的疼痛也冲走吧。保持放松，让那一小块（刚才孩子所说的，具备那种颜色、形状和程度的疼痛）的疼痛也消失吧，越来越小，越来越小了。记得啊，这些疼痛对付不了你的治愈颜色的，它们越来越小了。很好，还剩一点了，越来越少了。现在再检查一下吧。现在的疼痛变成什么颜色了？还那么疼吗？现在有几分疼痛了呢？很好，我们回到呼吸上来，用小腹深深地呼气……吸气。太棒了，你做到了。记得啊，疼痛就是一种感觉，它们很快就会消失的，你会让它们消失的吧？很好，还剩一点点*

了，你开始感觉不到疼痛了吧？感觉越来越好了，越来越舒服了，疼痛几乎没有了。现在把你的治愈能力收回来吧，你有很多这样的能力的，想用多少就有多少。现在准备好的话，我们就要回到屋子里去了，慢慢来，准备好了吗？好的，把注意力放在呼吸上，慢慢地，听到屋子里的声音了吧？我们回来了，慢慢地睁开眼睛。嗯，身体感觉好放松、好舒服啊。你真棒，你可以自己把自己治好。

# 帮助孩子入睡

首先要让孩子做一遍全身放松练习。可以同时播放轻柔的背景音乐，不要有太多歌词，这样可以帮助创造放松的环境。当你和孩子都感觉很放松的时候，做引导式冥想是最好不过的，所以要放轻松。不要把冥想弄得太死板，完全可以把冥想和孩子喜欢的颜色、动物、爱好或者信仰等等结合到一起。记得，念引导词的时候要轻轻地、慢慢地，不时停顿一下，给孩子一定的时间进入冥想的境界。

# 活动23

## 美丽小岛的引导词

*让自己放松，想象这是一个温暖的夏夜。太阳就要落山了，挂在天边，金黄的阳光洒满整个大地，你就站在一个美丽、闪耀光芒的海湾沙滩上。不远的地方，你看到有一个郁郁葱葱的小岛。你非常想去岛上看看，可是不知道怎么过去才好。你站在那里，可以看到、闻到、感觉到周围的一切。你感觉好平静，风轻轻地吹在脸上，吹过你的发梢。这时候听见树上有几只小鸟在叽叽喳喳，它们大概在互相说话。还能看到水里有鱼一下子跳出水面，又扑通一声落回去。波浪随着海风冲向岸边，你感觉在这里好开心，脚踩在海水里，温暖又惬意。这时候你才看到，其实旁边有一艘小船慢慢向你漂来。这艘小船非常坚固，里面的地方还挺大，船里有几个红色的皮垫子，坐上去应该很舒服。原来这是一艘魔法船，这时候你发现船上有一张字条。上面写着你的名字呢。（说你孩子的名字）打开这个字条，上面写着：放轻松，坐上船到岛上来吧。*

*这艘小船开始载着你慢慢地离开岸边。小船开始朝着那个小岛前进了。小船慢慢地在水中前行，在水面上划开一道浅浅的波澜。你在小船里好安全、好舒服，太阳光从上面暖暖地照耀着。你很喜欢海面上空气中咸咸的味道，周围的一切都闪着魔法般蓝色和金色的光芒。*

*这时已经快到岸边了，你听到好像小狗叫的声音。略过水面，仔细一看，原来岸边的水中有一只小海豹，浑身闪着金光，正看着你呢。小海豹的胡须长长的，小脑袋真可爱。哎，它嘴里还叼着一个小袋子，是给你的吗？你小心翼翼地过去，轻轻拍拍它的小脑袋瓜，它舒服地闭上了眼睛。它用鼻子轻轻推推你，把袋子放到了你手中。它点了点头，像在说再见，然后就走了。你打开袋子一看，原来里面都是好吃的苹果和胡萝卜。*

小船靠岸了，你走出来，踩到软软的沙子上。再往里走，就是草长的好高的草地，这时有一只海鸥落在地上，你才看到，那个方向原来有一条秘密的小路。小路弯弯绕绕的，沿着小路一直走，突然看到一大片美丽的草地，这时候闻到了花香、草和森林清新的气味，你呼吸着新鲜的空气，体味着美妙的气味。这时候你感觉到，好像有谁在看着你。回头一看，原来是一群金色鬃毛的小马站在草丛里望着你呢。他们的鬃毛和尾巴毛茸茸的。你慢慢走到其中一只小马那里向它微笑。哎，它没有跑开呢，它用鼻子蹭蹭你的手，它是想让你和它一起走吗？

好神奇啊，感觉真开心。不一会，又有一只小马走到你面前了，它们都不害怕你呢，它们想成为你的朋友。它们一边看着你，一边轻轻的发出欢乐的叫声，小马的眼睛是大大的、黑黑的，像巧克力一样。它们非常信任你。

这时候你想到了手里拿的小礼物，那个袋子，把里面的胡萝卜和苹果分给小马们吧。看着它们在你手上开心地吃东西，有时候还会舔到你的手心呢。还有的小马高兴地和你贴脸呢。这感觉好奇特，好有趣啊。这时候你听到一声轻轻的呼喊，原来是小马们的妈妈从树林里出来了。所有的小马都跑向妈妈，妈妈弯下长长的脖子，用鼻子一个个地蹭孩子们。有的小马轻轻地依偎在妈妈身上。

现在太阳要落山了，你看到天上的星星出来了，渐渐地，最后一缕阳光也消失了。是到了睡觉的时间了。妈妈把所有的孩子们都叫到一起，它们一个一个地，躺在柔软的草地上，把头放在别的小马的肚子上，合上了眼睛要睡觉了。这时候小马的妈妈也走到你面前了，用大眼睛友善地看着你。你这时候感觉很放松，渐渐地你也困了，所以你也躺在柔软的草地上，旁边就睡着另外一只小马，你把脸贴在它的身上，好温暖啊。你感觉自己就要睡着了。小马的妈妈会照顾你们的，你知道的。你就是这个小岛的特殊客人，睡吧，……睡吧。

# 活动24

## 加强自尊心

这个练习只需要5～10分钟。在下面的引导词中，如果孩子跟你讲述他想象到的事情，可以适当停下来一会。告诉孩子你们在做一个冥想的游戏，里面会遇到他最喜欢的动物，动画片、书里的角色。在开始之前要先做一遍全身放松的练习，结束下面的练习之前还可以听听孩子对他想象世界的描述，作为结尾。

# 念引导词的时候让孩子记得

*呼吸缓缓、轻轻地，让身体和心灵都感觉到放松，像流水一样顺畅。你不要让身体里有任何的紧张。很好，深呼吸，仔细听自己的呼吸，吸气……呼气。*

*看到自己的脑中似乎有一副画，画里面是你最喜欢的小动物（或者是某本书、动画片里的角色）。如果你看清楚小动物了，就给我个信号（等孩子给你提示）。看看你都喜欢这个小动物哪里呢？仔细看清楚一点，让自己好好看看这个小动物，感觉一下它有什么才能。很好，现在你也可以学会它的才能，展示一下，慢慢来，如果有困难，可以让小动物来帮助你。记得你拥有这个才能所在的地点和时间。好好记得这个感觉，这个感觉越来越强烈了，想象你就好像按了身上的一个按钮，这个美好的感觉就出来了。这样的话，什么时候想要有这个美好的感觉，随时随地都可以的，以后要是遇到问题，就可以随时解决了。感觉好吗，我们稍稍享受一下这个感觉，很好。这个感觉是属于你自己的，你什么时候想要，都可以做一下放松的呼吸，然后闭上眼睛想象那个小动物，美好的感觉就回来了。准备好了吗，我们开始要回家了。仔细听着自己的呼吸，渐渐地，听到房子里的声音了，慢慢睁开你的眼睛。感觉好美妙好放松啊，你可以在任何地方，任何时候，随时随地地想象这个小动物，让自己放松。*

# 活动25

## 高高地飞翔，远离压力

这个冥想练习比较像一个故事。就像练习活动23一样，你的孩子在这个过程中只需听你的引导，不用反馈。这个练习也可以在一群孩子中应用，群体冥想练习也是很好的。要变通一些，比如有别的孩子在你家过夜，你可以把它当作一个放松小游戏，让大家一起做。让他们先安静下来，然后做一次放松练习。记得念引导词的时候要语气平和、缓慢。

# 气球之旅引导词

你看见过吗？放飞手中的气球，气球飞得老高老高。你看见过吗，很难忘吧？

如果我们可以放飞心里的担忧、紧张和压力，让它们随风飞走，那该有多好。或者我们可以坐在大气球上，来一次气球之旅呢。我们先要放松身体和心灵，看看是不是能跟着大气球，高高地飞呢，好。

首先，我们先躺得或坐得舒服一点。如果你坐着，那就双腿垂直，双脚落地。让自己的头微微低垂，双手放在大腿上。如果你躺着呢，把手放在肚脐上面一点的地方，这样可以在放松的时候感觉到自己的呼吸，一吸……一呼，就像气球一样。很好，闭上你的眼睛。注意自己的呼吸，让呼吸慢慢、轻轻的。感觉到自己全身的肌肉都放松。很好，感觉自己的心跳也慢慢地变慢了，对自己说：我放松了。我们来做三次深呼吸……吸气……呼气……把好的情绪吸进来，不好的情绪呼出去。感觉很好吧。现在身体里要是还有什么紧张和压力，都可以呼出去，很好。

想象你在一个大操场上，在操场的中央，有一个巨大的热气球。在这个气球上有好多色彩缤纷的颜色，下面有一个大大的篮子，你可以坐上去。这个篮子很坚固的，牢牢地绑在热气球的下面，里面有一个喷射热气的机器，有了它，你就飞起来了。放轻松，然后看看，热气球里面是什么颜色呢？你能听到喷射热气的机器发出轰鸣的声音吗？长长的、好听的声音，气球的篮子上还有好多绳子，另一头系在地上，你能摸得到吗？很结实的绳子对不对？

# 活动25

你感觉非常安全，这是一次安全的旅行，也许你想带一个小朋友或者一个大人来和你一起飞。或者你也可以自己去，或者带着你家的小猫或者小狗，或者别的什么你喜欢的动物，这里感觉好安全、好轻松啊。

这时候你在篮子里，听到机器喷射气流的声音，就像你在呼吸一样。把绳子放下去，你就可以飞了，热气球慢慢地上升、上升……。你感觉好安全，好轻松。

随着气球越来越高，操场上的大树、房子越来越小，越来越小。你能看见下面的东西吗？哎，那是小鸟，云彩、还有水面上的小船？

好好看看，告诉自己，我很放松。飞翔的感觉好棒啊。天空就像一个大大的、蓝色的梦幻，你能感觉的到风儿轻轻吹过你的脸颊。你感觉到温暖的阳光照在身上这感觉真好？你可以听见篮子下面的绳子在咯吱咯吱地响，还能听到头顶上的喷气机器一股一股地喷气的声音。气球越来越高，你感觉身上每一块肌肉都放松了。本来担心的所有事情都没有了，你心里的压力和紧张的感觉越来越少、越来越少，就像地上的东西一样，越来越小、越来越小。对自己说，我很放松……

这时候越过篮子往外看，原来气球已经飞过高高的大山了，飞过了城市的高楼，飞呀飞，又越过了森林，越过了海洋。这里只有风声和美妙的感觉，非常安全、非常自由。这个感觉好美妙，好好地享受一会。

现在慢慢、慢慢地，气球要下降了，慢慢地下降、下降。你开始看到大地的形状、地上的大树还有房子的屋顶、烟囱。路上的小汽车看起来好小，慢慢地变得大了。记得，你回来的时候带回来了有魔力的、美妙、放松的感觉。你看到下面的操场，越来越接近地面了……

咣当一声，热气球落到了地上。准备好了吗，从篮子里出来吧。慢慢来，

*感觉脚踩在了地上。这是一次美妙的旅行。对自己说，我感觉很放松。慢慢地，睁开你的眼睛吧。记得，以后什么时候感觉到有压力、心情紧张，你自己就有能力让自己放松。记得这次热气球之旅的美好感觉吧。以后要是还想坐热气球，还是随时可以啊，只要按照这个方法，随时都可以的。*

# 活动26

## 摆脱胃痛

在念以下引导词的时候，记得要用缓慢、平和的语气。就像在讲一个童话一样，声音轻轻的。最后的时候，让自己的声音慢下来，让孩子静静的，集中注意力。提醒他，他可以带回来这样的“止痛”，或者“减痛”的感觉，一整天都带在身上。问问孩子感觉如何，是否有效。或许他还想画一幅画来形容这个经历。

这里没有对或错的方法。完全可以让孩子自由发挥。如果孩子想象到的和你说的不一样，那就更好了，说明孩子在调动他自己的想象力。

## 海豚医生的引导词

*你的肚子难受吗？是不是觉得疼或者里面有个东西七上八下的（这个地方要按照孩子实际的症状来发挥，比如疼或者恶心）？你想好过一点，可是肚肚里面就好像有好多小鱼游来游去一样，感觉好不难受呢。这些小鱼就喜欢给小孩子捣乱，但是你有能力对付它们的。是的，我们来试试，我们先来放松。*

*闭上你的眼睛，深深地吸气……呼气。很好，对自己说：我放松了。想象一下，你听到了水声，像水晶发出的声音一样清脆，这是哪里呢？原来，这是一条闪闪发光的、蓝莹莹的小河，弯弯地流向大海。河水里面有好多蓝色的小海豚，好多啊，似乎有100只，它们从水面冲出来，然后又钻到水里面，扑通一声，它们还不时发出叫声。这时候它们听到你在叫它们，它们这就来帮助你啦。它们能够从你的肚脐眼上开一个小窗户，进到你的小肚肚里。蓝色的小海豚们不光喜欢玩，它们还喜欢吃小鱼。小鱼最怕这些小海豚了，这时候小海豚全都进来了。*

*小海豚朝着那些小鱼游去，小鱼赶快逃跑，可是小海豚游的太快了，一下子就追上了。没过多一会，小海豚就把小鱼吃了个精光。蓝色的小海豚真聪明，把这些小鱼都给消灭了。它们肯定是有魔法的，这时候，你的小肚肚开始觉得好多了。这时候你感觉自己很健康了，有这么多好伙伴来帮助你、爱护你，随时随地都能帮你解决问题，真是太好了。*

# 第五章

# 专注：缓解压力的好办法



专注练习已经有几千年的历史，虽然佛教徒们的禅定不仅仅是专注或者精神练习这么简单。过去几十年中，人们已经流行用专注的方法来解决一系列心理问题，现在专注已经成为一项很重要的锻炼方法，可以用来缓解日常生活中的精神压力。

马塞诸塞州医学院减压项目的创建人卡巴特博士，是利用入定、专注缓解心理压力运动的先驱者。他在著作《日常冥想练习》（1994年）一书中写道：

专注的意思是：注意力集中在某一点、某个

想法、某个时点，心无杂念。这种专注会让人更加清醒，更能发现此时此刻自己的想法。它让我们在瞬间突然明白生活的真谛。如果没有那一刻，我们很可能会忽略那些生命中珍贵的东西，认识不到那些上天赐予我们的财富和生命的意义。

专注练习包括，集中注意力在此时此刻自己做的事情上。一般来说，注意力就像一道光线，它可以照亮一片区域，但是不够明亮。而专注就是像一道激光一样，把所有的光线集中在一个点上，并发出明亮的闪光。这是一种帮助你和孩子学会在当下集中精神的方法，释放心灵的紧张和压力，让你不会总是思前想后、担忧、害怕。

如果想体会一下专注、入定的感觉，闭上眼睛，花上几分钟，仔细聆听身边所有的声音。不要故意试图分析、思考这些是什么声音，就把它们当作自然的声音而已。听听在安静的环境中，每一个细小声音的间隔。如果你听到狗叫声，可能会开始想这条狗有多么烦人，它总是在楼下随意大小便，这会使你开始分神，这也很正常，现在慢慢地收回自己的思想。如果你听到街道上有汽车喇叭声，你会开始想，这真烦人，现在再一次慢慢地收回自己的情绪。过上几分钟，感觉是不是有什么不同呢。

还有一个简单的练习，可以让你体会到入定、专注的效果。把注意力放在自然环境中随便一个东西上，比如石头、树叶、云彩或者花草。闭上眼睛，注意自己的呼吸，用小腹深深地呼吸，像我们之前讲的那样。然后睁开眼睛，仔细地观察那件东西的一切细节：样子、味道、声音、触觉等等。

这个练习可以做5分钟左右。如果不想停止，就继续享受这个感觉。感受一下。

作为家庭中的一员，我们总是忙忙碌碌，把自己的时间排得满满当当，过于忙碌的生活会造成不好的情绪。而冥想或者想象力练习，是缓解精神压力的好方法。正如卡巴特所说的：去某个地方最好的方法，就是不要总想着要去什么地方。

记得，你的孩子会无意中以你为榜样，学会你处理压力的方式，所以就像书中其他方法一样，这个精神练习父母要先学会做，然后再教给孩子。想想看，如果家长每天的精神压力重重，孩子怎么能够幸福、开心地生活呢？

# 活动27

## 用心地吃饭

### 给父母的话

想必你和大多数家长一样，总是告诉孩子吃饭要细嚼慢咽。这其实不光是一句唠叨，吃饭放慢速度是有一定的科学依据的。咀嚼是食物进入消化道之前的必要步骤，可以增加维生素和营养的吸收效率。此外，我们的胃需要大概20分钟给大脑传递信息，说已经吃饱了不要再吃了，如果吃得过快，很容易吃得过量。美国国家疾病控制和预防中心的一项调查发现：美国现在体重超重的儿童是历史上最多的。他们还发现，有不少成人，吃饭的速度也非常快。

吃饭对于很多家庭来说都是互相交流的一个时间，有时候是全家唯一能聚在一起的时候。我们调查了大量具有不同背景、不同经济条件的家庭，最后发现，那些家人关系紧密的家庭都有一个共同的特点：他们定期在一起聚餐。

所以想一想，你们家吃饭的情景如何？气氛是不是足够轻松？我们希望你能试一下，用心、仔细体会吃饭的过程。

很多孩子都在吃饭的时候有小动作，大人总是让他们吃饭的时候闭上嘴，注意这个那个。很多孩子（还有很多大人）都会在吃饭的时候干别的事情。比如一边骑车一边吃饭，一边看电视一边吃饭，甚至吃饭的时候还玩滑板。

这里有个好办法，可以让你静静地、慢慢地吃东西，并专注于自己的食物，这对每个人都非常有益处。但是最重要的事情是，学会用心体会所吃的东西，可以让你保持平静和注意力集中。这可以让你每天都过得好一点，让自己感觉良好一点。如果你哪天过得不是很好，这是一个调整自己情绪的好机会。

用心吃饭是非常好的放松技巧。它意味着调动所有的感官：触觉、视觉、听觉、嗅觉，当然还有味觉，来观察自己所吃的食物。这是很有趣的，你可以让爸爸妈妈或者别的小朋友来和你一起。不过，这里有个规矩，就是吃饭的时候不要说话。

如果你打算试试，可以让爸爸或妈妈和你一起做。首先拿一种食物来练习，坐在桌子边，把食物放在面前。开始之前，先用小腹深深地呼吸。然后，开始用眼睛来观察食物，是的，你首要的任务就是仔细看看你的食物，通过眼睛来体会。这里有个小游戏，用一分钟的时间，仔细地观察食物，观察每一个小细节。你能完成整整一分钟的观察吗？

比如像大卫：他找来一块巧克力，然后开始练习观察食物。他对自己说：我现在要观察一块黑巧克力。这块巧克力的一角刮了，有一点发亮。上面是圆圆的。

你能像他一样用整整一分钟来观察食物吗？

下面再来用鼻子。认真地来闻这个你要吃的东西。味道是很奇妙的感觉，但是有时候经常容易忽略。小明就对自己说：我的巧克力很好闻，甜甜的、香香的，就像爸爸的黑咖啡一样。你的食物闻起来是什么味道呢？

# 活动27

如果你以前没这样做过，那就试一试，摸摸你要吃的东西，当然，要准备好擦手的纸巾。闭上眼睛，体会一下，它摸起来是什么感觉呢？软的还是硬的？很好，然后擦擦手。

现在我要让你做一些老师和家长从来没要求过的事情：用嘴来体验食物！很好，要非常慢、非常慢地品尝食物。不要急着咀嚼食物，先用舌头来慢慢感受，这里的难度在于，你只能品尝，不能吃，也不能咽下去，慢慢来。

品尝完后，你可以开始吃了。大卫在吃他的巧克力的时候，什么声音都没有。而你的食物吃起来有声音吗，是什么样的声音？嘴里的感觉是什么样的？是很光滑还是嘎嘣作响，还是滑溜溜像果冻一样？看看能不能有一些以前从来未曾注意到的新发现？食物吃起来有几种味道呢？

不要管到底是喜欢或者不喜欢吃这种食物，重点在于体验它。如果你的注意力不集中，开始想一些别的事情，那就先停止一下。如果你开始想到某个新出的电子游戏或者学校那个讨厌的同桌，那就静下心来，慢慢把思绪牵回到品尝食物这个重点上，一直到吃完食物为止。在练习专注的时候，一定要把注意力集中在当下，不要想早上或者晚上的事情，就集中在那个时刻。集中所有的感官和感觉，这就是专注魔法的重心所在，它能让你保持心情平静。

# 专注观察宠物

## 给父母的话

这一段可以和孩子一同来读，然后找个机会来实践。关于孩子和狗有这样的说法：如果孩子身边出现陌生的、不是自己家的狗，一定要引起注意。在和狗交流的时候，直直地看它们的眼睛非常危险。此外，很多狗也不喜欢孩子们抱它。提前教会孩子要尊重动物，与动物互动要轻轻地、慢慢地，不要和动物做直接的眼神接触。要让孩子记住这几点，尤其是遇到陌生的狗时，这可以避免被狗咬到（当和认识的狗接触的时候，也要留心）。

如果你家养了狗，那很好。你只要把狗训练成能够习惯孩子们的拥抱或者其他动作，也能接受别人走到它面前就行了。我们不是教孩子害怕狗，而是要教他们学会通过观察和交流来达到尊重狗的目的。其实，我们和人交往的时候不也是这样吗？

在你给孩子讲完这些的时候，要给孩子一定的时间来思考，让他说说自己的感受：比如他觉得更放松了，还是更紧张了。孩子说什么你都要用心听。他们很喜欢谈论家里的宠物，此时你要对他的观察力表示赞许。

这是另一种减压的思路：自己先试试，或者一起用5分钟的时间试试。但不要说话！在这个嘈杂、纷乱的世界里，安静是最好的放松方法。

# 活动28

如果家里有宠物，不管是猫、狗、仓鼠还是鱼，以下的方法都是让孩子更加放松，更加了解自己家宠物的好方法。

养宠物不光是为了好玩，它们也可以让我们感到生活的安详和友善，使我们的注意力更集中。不管什么时候，如果我们感觉非常喜欢某样东西，我们就会暂时抛开令人烦恼的事情。一心不可二用，你会专注在自己喜欢的事情上。其实你完全可以切换自己的思路和想法，就像看电视一样。如果你不喜欢看某个节目，你就按下遥控器换一个台来看，只看你喜欢看的节目。

在家里找一个能和宠物安静共处的地方，不要有电视或者其他别的什么东西的干扰。首先，深呼吸，吸一口气，再慢慢地吐出来。在我们的魔法心灵游戏中，深呼吸都是第一步要做的事情，深呼吸是召唤魔法的咒语。

记得啊，没有什么一定的事情，你可以按照自己的想法来。这不像做数学题只有一个标准答案。只要你注意自己的想法就可以了，不要管对错。专注的秘诀就是，把注意力集中在一个事情上。现在我们就注意自己的呼吸，别的不要去想。如果自己的思想还无法集中，老是想到别的事情，我们就慢慢地把它们收回来，运动员训练的时候都是这样集中精神的。

好了，准备好了吗？现在看看你的宠物，但是不要直接看着它的眼睛，因为很多动物——特别是狗狗——不喜欢这样。别看眼睛，看看它身上别的地方。它是什么样子的啊？它的皮肤粗糙还是光滑？它有毛还是有鳞片？看看和你自己相比，你们谁比较大，谁比较小呢？用眼睛好好地观察。慢慢来。你的小宠物跑得快还是跑得慢？你现在有什么感觉呢？

你可以试试是否能安全地把你的小宠物拿起来，当然，如果你的小宠物是一个大鲸鱼或者是大海龟，你就别这样了。用你的小脑瓜好好想想，看怎么把它拿起来，慢慢地、慢慢地，记得啊，宠物也不会喜欢别人粗暴地把它突然举起来，你要轻轻地。

现在它感受如何呢？你可以观察一下。你碰它的时候，它感觉怎么样呢？可能它不喜欢你碰它，没关系的。看看你的宠物喜欢你怎么碰它。如果你开始发现你的宠物开始跟你的触碰互动，恭喜你，你的专注魔力增加了。

现在用你的鼻子闻一闻宠物的味道是什么样的？是像刚用吸尘器清洁过的地毯，还是小牛去过的谷仓呢？深深地吸气，体会小宠物的味道，仔细地去感觉。这是跟它互动的好方法，因为它也在这样闻你的味道呢。

听听小宠物发出的声音是唧唧、呼呼还是喵喵？自己留意一下，仔细听听看。仔细地观察你的小动物。看看它是不是很放松啊？如果你发现在你摸宠物的时候它有点紧张，那你就慢一点、轻一点，或者不要动，看看它有什么反应。你能不能看得出来它是高兴还是难过呢？

仔细地观察，观察5分钟吧，然后我们再从动物的世界回到我们人的世界里。你现在感觉怎么样呢？你更了解你的宠物了吧。你是不是感觉做这样的魔法练习让你更放松了呢？那太好了……

# 专心地做家务

我们来想想运动员，他们训练的时候，教练都会告诉他们，要注意态度——就是你看待事物的方式，它会影响你的行为和感觉。其实这对所有事情都是通用的，比如说做家务这件事。对于你来说呢，你要负责的家务是很小的工作，比如给自己洗脸、刷牙这些每天都要做的日常活动，还有一些大人请你去帮忙做的事情，比如扫地、收拾玩具还有在吃饭前帮妈妈拿筷子、摆桌子等等。

妈妈叫你做家务的时候，你会不会不想做，而总是盯着电视不想离开，或者藏到小床底下去，你想想看，这样会让家务更简单还是更困难呢？这时候你可能会想“我不想做家务”或者“做家务太没意思了”或者“家务活太难干了”。其实这些思想会让你自己更有压力。你想想，要是妈妈告诉你三遍“帮忙布置一下桌子，我们要吃饭了”，你还是不动，那你说妈妈会不会不高兴呢？当然啦，她肯定会不高兴的，妈妈不高兴的时候太吓人了，就像从绵羊变成大老虎一样，额……太吓人了。

所以，你要怎么做呢？我们来学习一个有关做家务的专注魔法吧。请放心，这个专注魔法很简单，只要把注意力放在一件事情就可以了，不管是什么时候，在什么地方。比如，你在布置餐桌的时候，仔细观察你布置的餐具，猜猜它们有多重？拿在手里是什么感觉？它们是什么样的？碗、筷子、勺子都是什么形状的？它们放在桌子上发出了什么声音？

如果这时候你没法专注，而是开始想今天的家庭作业，或者一会可能要吃难吃的青椒，或者别的什么事情。那就试着慢慢把思想拉回到眼前要做的这件事上来。动作一个一个地来做，不要管别的事情。想象自己就像狗狗一样，用鼻子闻每一样东西，而你就是用心来体会每一样东西，仔细地观察。狗狗闻东西的时候根本不会想“嗯，这个东西好闻，那个不好闻”，它们只是在观察事物而已。所以让自己的思想集中，就像狗狗一样，专注在观察事物这件事上。

下面是一些不同的家务。找一个出来，练练你的专注魔法吧。最好是在有大人在你旁边的时候来做，不要着急，慢慢来。告诉妈妈或者爸爸你做之前的感受。因为他们没准也想自己试试呢。

做完以后，说说自己的感受。你在做的过程中，是不是有什么以前没有过的新发现？对于你来说，做家务是不是更容易了？你是不是感觉到更放松了？记得，你是在学习一种魔法，这是需要时间的，如果不行可以再练习。你练习的次数越多，你的魔法就越强大。自己试一试，可以从下面的家务中找一样来练习：

| | |
|---|---|
| 刷牙 | 整理脱下来的衣服 |
| 洗脸 | 布置餐桌 |
| 铺床 | 收拾桌子 |
| 扫地 | 收拾玩具 |
| 擦桌子 | 叠衣服 |

我练习的家务有：________________

我的新发现有：________________

这个家务对我来说更简单还是更难了？________________

我感觉这个家务对我的放松程度与压力程度（如果从1到10打分的话，1是最放松，10是最有压力）：________________

# 用心观察大自然

你知道吗，大自然创造了我们大家，会对我们的思想有所回应。是的，大自然就像是一副心灵的良药，当然，是一副不苦的良药。科学家发现，如果人看一会自然风景的照片，就能缓解心里的压力。但是你可能会怀疑吧，没关系，静下心来，想一想上一次你在野外度过的一天或者一个下午，也许是在某个海滩，或者是在某个公园，也或者是在某个小花园。我打赌那个感觉肯定会和在屋里不一样。

在这个有关专注的魔法游戏中，你的特别任务就是到野外去。不过要在去之前先跟爸爸妈妈说好自己要去的地方，在他们允许之后才能去。

你可以到一个小花园去。如果家附近没有，可以去公园或者其他的什么地方，不过如果路途遥远就一定要和爸爸妈妈一起去。要记得，一旦你开始有关专注的魔法游戏时，就不能再说话了，要全身心的专注你的能量。

好了，首先我们来深呼吸……吸气……呼气，然后在花园里慢慢地散步。用眼睛注意自己脚下的路，看看你会不会有什么新发现呢？慢慢地走，可不要错过什么东西啊，看看周围都是什么样的。假装自己从来没见过这些，这样你就可以更仔细的观察它们。如果你开始想别的事，那就试着把思路拉回来，专注于眼前看到的东西。

接下来，继续慢慢地走。这一次，你要听听周围的声音。不要太用力的去听过于细小的声音，就让那些已有的声音慢慢地跑到耳朵里去就好了。这些声音如同奇妙的音乐一样，可能会让人开心、也可能让人烦躁，这都没关系，只要你能注意到这些声响就很了不起了。如果周围很安静，没什么声音，那就仔细体会这种安静，听自己的脚步声，享受这个宁静的空间，你甚至可以闭上眼睛，感受这个环境。

现在你可以猜猜……对了，我们继续往下走，这一次我们要用鼻子了。记得我们之前做过的有关宠物的那个练习吗，我们要像狗狗一样，用嗅觉来感受这个世界。这肯定是你没体会过的感觉。

你的关注魔法已经越来越强大了，但是还不够。这还有一个技巧：沿着刚才那条路的反方向来走，再一次用你的眼睛、耳朵和鼻子来感受这个世界。假装自己是一个小动物，正在大自然里探索前进。慢慢地走，不要错过任何的东西。

完成这些后，闭上眼睛，对大自然，对这些你看到的、感觉到的东西说声谢谢，不管是什么东西，只要是你发现的，就要对它们说谢谢。你会发现，能看到、听到、闻到这些东西真是太棒了。能用这么多方法来发现世界，真是太棒了，这是多么令人开心的事情啊。

Chaper 6

# 第六章

# 儿童瑜伽

Yoga for Kids

“像小猫一样拱起背”，“像小狗一样趴在地上”，“像船一样在水上保持平衡”。

这些是你让孩子练习瑜伽时发出的指令。瑜伽是一种历史悠久的锻炼方法。这些指令听上去很有趣吧。瑜伽是让孩子保持身心愉悦、缓解压力的绝好办法，越来越多的人已经开始注意到这一点。

“瑜伽”这个词来自婆罗门人所使用的梵文，婆罗门人是生活在古印度的民族。瑜伽的本意是“结合”，其实就是让人的身体、心灵和灵魂能够结合在一起。瑜伽以好多种不同的方式流传后世，有5000多年的历史。100多年以前，瑜伽传入美国，并在上世纪60年代成为美国主流文化中的一部分，这主要归功于几位英国音乐家，将传统瑜伽中的冥想介绍给普通民众。今天，不少地方都有瑜伽馆，即便是孩子也开始逐渐加入到练习瑜伽的阵营中，他们可以在瑜伽中心或者学校接触到瑜伽的练习方法。

儿童练习瑜伽会得到和成人一样的益处。瑜伽能够最大程度的调动人体的力量、协调性以及灵活程度。瑜伽不仅能缓解儿童的压力，还能教儿童如何放松、集中精神、呼吸并且入静，这很有趣的。每个孩子都会从瑜伽中获益，瑜伽还会有益于某些有特殊情况的孩子。科学家已经证明，瑜伽对治疗某些身患残疾或患有小儿多动症以及其他行为失调症、孤独症的儿童都有良好的效果。

如果你想让孩子学习瑜伽，首先要让他身着舒服、宽松的衣服。T恤衫和短裤就可以了。瑜伽要赤脚练习，所以练习的地方最好不要有过于光滑的地面以防止摔倒。其他不需要什么特别装备，不过如果条件允许，可以提供给孩子属于他自己的瑜伽垫，这样有些姿势会比较容易做。

本章将要让你和孩子学到一些简单的瑜伽姿势。我们把它们分成了四部分，分别是，呼吸、伸展、专注和平衡，每个部分有两个动作。我们建议先从热身阶段开始，然后按照顺序做动作，最后停留在在“雕像”姿势，这个姿势主要是入静。我们建议孩子用10到15分钟左右的时间做放松练习，但是瑜伽练习的时间会长一点。

有些人将瑜伽作为他们精神生活的一部分，每天都坚持练习几个小时。但是对于孩子来说，每周练习两次或者三次就已经很好了。

要跟孩子说，瑜伽不是竞技体育项目，这个很重要。我们本章要讲的这些瑜伽动作都是很简单的，而更复杂的动作需要身体要有一定的力度和平衡感。

有的孩子会希望能试试更复杂的动作，最好不要鼓励他们这样做。同样，有点孩子会使劲的维持某个动作很长时间，即便已经开始不舒服了还要坚持，也不要鼓励这样的行为。动作本身只要维持几次呼吸的时间就可以，对于大一点的孩子，可以适当延长。毕竟这不是竞技体育，身心愉悦才是最重要的。

警惕：如果孩子有某些身体缺陷或类似问题，那么你要先咨询专业医生，然后再决定是否要开始练习瑜伽。

如我们之前所提到的，要把学习瑜伽作为一种放松和减压的方法，最重要的是：有趣。而要想练习的过程充满乐趣，最重要的是：你自己。只有你能享受瑜伽练习的过程，并且把这份愉悦带给你的孩子，那这种历史悠久的锻炼方法才能起到它真正的作用。

# 活动31

## 保持呼吸

正确的呼吸是练习瑜伽的第一步，就像我们之前所讲的放松训练一样，呼吸是非常重要的。开始练习瑜伽之前，要做足够的腹式呼吸。

以下的瑜伽动作，每个可保持10到30秒的时间，具体时间可以根据孩子的年龄和兴趣来做调整。

### 山峰式

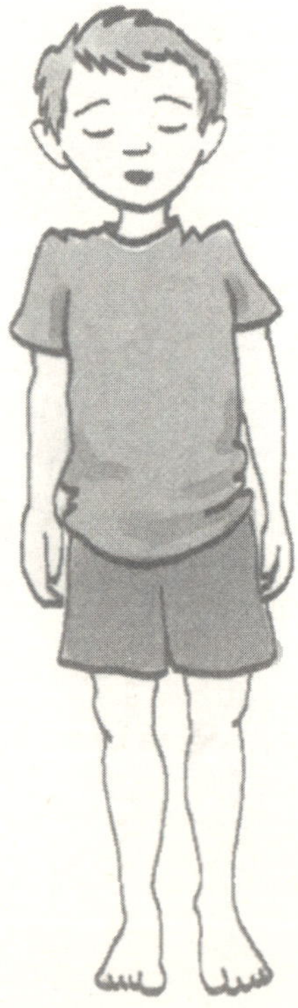

1.双腿微微分开，与肩平行站立。

2.感觉自己的腿牢牢固定在地上。

3.双腿站直，身体的重心落在脚跟上。

4.开始进行腹式呼吸。

# 小猫式

1.膝盖和双手落地，支撑身体的重量。

2.呼气的时候，背部向下凹陷，保持手臂垂直。

3.第二次呼气的时候，背部向上拱起。

4.第三次呼气的时候，回到原来的姿势。

# 活动32

## 伸展运动

伸展运动是放松身体肌肉的好方法，可以释放身体里所有的压力。在做书中其他放松练习之前，你可以结合腹式呼吸一起练习伸展运动。

### 洋娃娃式

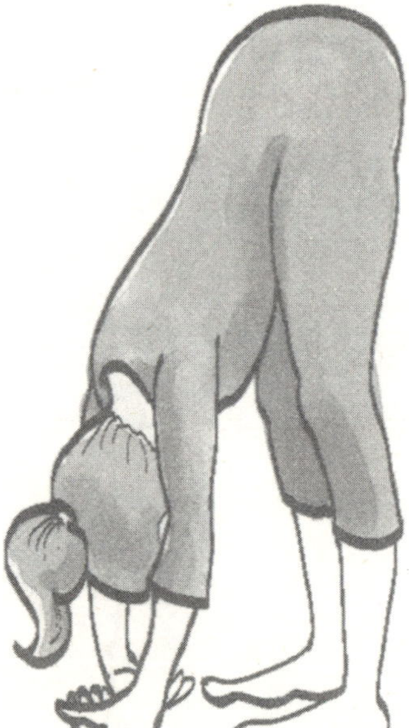

1.全身保持笔直，站立在地上。

2.下身不动，上身向前弯曲，全身重心放在双脚。

3.胳膊自然垂直，最好能落在地上。

### 小狗式

1.双脚、双手掌落地，支撑全身的重量。

2.呼气，收紧脚趾，屁股抬起。

3.慢慢伸直双腿。

4.现在开始伸展躯体，全身重量落在双脚上，慢慢伸直双臂和双腿。身体最后要形成一个三角形。

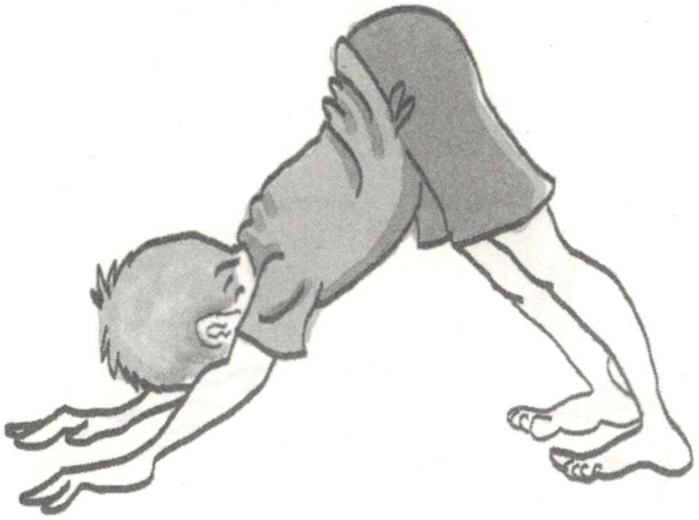

# 活动33

## 专注和平衡

瑜伽能让你的身心达到一致。你知道吗，很多运动员、科学家、艺术家和演员都用练习瑜伽这种方式让自己的心情放松，缓解压力，提升自己的创造力。

### 小船式

1.坐在垫子上，双腿伸直贴地，上身挺直。

2.上甚稍向后仰，双臂放在背后。

3.然后抬起腿，脚尖朝前，双手贴在两膝旁。

4.伸展手臂，保持平衡。

# 飞机式

1.站在地上，身体挺直。

2.保持呼吸，然后一条腿向后伸展。

3.注意呼吸，全身放松。

4.伸展手臂，像飞机一样。

# 活动34

## 入 定

在每次瑜伽练习结束的时候，都要进行以下入定的动作。

### 安静的小老鼠

1.膝盖着地，小腿贴地，脚尖指向身后。

2.上身挺直，坐在脚跟上，肩膀放松。

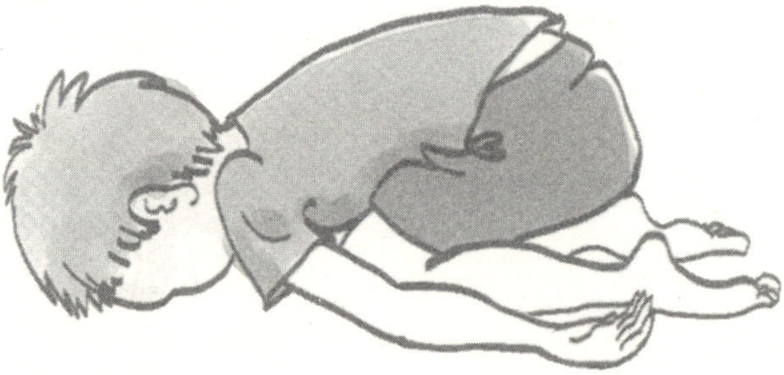

3.慢慢地呼气、身体向前倾，直到把头贴在地面上。

4.胳膊伸展，放在身体前方。

5.每次呼气的时候，让胸前离膝盖更近一点。

6.保持肩膀放松，胳膊向后伸，放在脚旁。

# 雕像式

1. 身体平躺，膝盖稍稍弯曲。

2. 双臂交叉，双手放在胸口。

3. 现在开始慢慢呼吸，伸直双腿。

4. 双臂自然放在身体侧边，手心张开向上。感觉身体的重量，每呼气一次，就感觉身体更重一点。

Chapter 7

# 第七章

# 在玩耍中放松减压

Playing to Relax

被同学欺负、考试、被虫子咬、家庭作业、家务活、讨厌的同桌……这些都是使孩子产生心理压力的诸多小事中的几件，但是有一件事可以让孩子完全摆脱压力，那就是玩。

玩的形式是多种多样的，不管是捉迷藏还是打篮球，都是在玩。不管孩子怎么玩，只要是玩，身体都会产生化学反应，会让人体自动分泌激素，让人摆脱担忧和压力。

当然，缓解压力只是玩所带来的众多

的好处之一。玩还是孩子认识世界的重要途径。玩耍过程中所带来的想象力可以让孩子发展语言能力和智力，还可以表达自己的情感。通过玩，孩子能表达自己担忧、矛盾、期盼或害怕的情绪。玩还是孩子学会和人交往的重要途径。通过玩，孩子能够学会如何分享、保持耐心、遵守游戏规则、公平竞争等等。

因为玩是儿童情感发展的重要组成部分之一，很多心理专家和心理健康学者都表示玩是12岁以下儿童处理情感和行为问题的重要媒介。著名的心理学家安娜·弗洛伊德（西格蒙德·弗洛伊德最小的女儿）曾说过，玩就是儿童的工作。这说明了玩对于儿童成长过程的重要性。

孩子都喜欢玩，这和吃饭、呼吸一样都是天性，所以你可能会想，为什么还要把理所应当的玩，作为一种放松的方法来讲呢？答案很简单，纯粹的“玩”正在消失！现代社会越来越多的高科技、电子玩具和电脑游戏对孩子的吸引力显然比传统游戏要大，并且这些游戏以很便宜的价钱就能买得到。你可以随便去哪个玩具商店看看，总会看到一大堆电子游戏和电脑游戏软件，有的甚至是为两岁的孩子量身订做的。如果你家的孩子比较小，可能还在玩卡车、布娃娃或者是猜谜游戏，但是七岁以上的孩子，现在已经完全远离传统游戏了，即便传统游戏更加健康，更加有益身心发展。最近的一项关于孩子上网问题的研究发现，有一个针对8到12岁孩子的社交网站，访问这个网站的孩子平均每次都要花至少两个小时的时间。对于孩子来说，两小时的时间着实不短，再加上孩子平均每天要花两个到三个小时看电视，你可以看到在孩子们这么小的年纪，他们已经浪费了这么多时间，本来可以用在传统、健康的游戏上。

本章中，孩子会学到如何玩，或者在玩的过程中如何放松自己，减缓压力。尽管玩的过程本身都能减少孩子的压力，不过还是多多益善，多一些玩的种类会比较好。不同种类的玩耍和游戏能够发展孩子多方面的智力、情感和社交能力，让孩子学会如何处理当前的压力。

# 忘忧魔法盒

杰森一边擦着厨房的地面，一边抱怨着："好烦啊，没有人和我玩，没有事情做，真烦啊，今天真糟糕。"

很多孩子都会发出这样的牢骚，即便家里的玩具室堆满了各种各样的玩具。

实际上，通常来说孩子会有很多事情可以做，可是有时候他们就会偏偏卡在这个当口。这不在于你有多少玩具，或者需要多少玩具，而在于如何运用自己的想象力。世界上有好多孩子只有那么几个玩具，有的孩子甚至一个玩具也没有，但是他们总是能在家里或者家附近的地方找到可以玩的东西，并且还玩得很带劲。

如果你实在想不起来有什么可玩的，那这里有个办法，这就是"忘忧魔法盒"。我保证，如果你有了这个，永远也不用发愁没得玩了。下一页就告诉你怎么来做这个魔法盒。

# 活动35

## 忘忧魔法盒

1.跟家长要一个鞋盒子和25张卡片。

2.用签字笔在鞋盒顶上写“忘忧魔法盒”，然后描上边。

3.把卡片剪成两半，每一半卡片上写一个好玩的事情。可以是你喜欢玩的东西、喜欢做的游戏，甚至是小时候爱玩的东西。你也可以写上你没玩过但是想玩的东西或者游戏。如果你想不到可玩的50个东西或游戏，可以叫爸爸妈妈或者朋友来帮忙。

4.把卡片放到盒子里，再放进去一些小玩具，比如弹力球、小玩偶或者布娃娃、小谜语、几根小蜡笔或者小笔记本之类的。看看周围有什么就放什么。相信你肯定会找到不少小东西的。

5.以后什么时候感到烦躁、没意思，你就可以摇摇盒子，然后随便拿出来一张卡片或者一个小玩具。如果你不喜欢卡片上的玩法或游戏（或者这个时候不合适），你还有两次重拿机会，但是，你只有两次，不能超过了。

6.决定玩的游戏或者玩具至少要玩30分钟，但是不能超过一天（呵呵，开个玩笑）。以后就不要抱怨没有好玩的事情做或者觉得心烦意乱没意思了。去找你的忘忧魔法盒吧！

# 我们来合作

你喜欢玩游戏吗？大多数孩子都喜欢玩游戏，像西洋棋、国际象棋、迷你高尔夫、保龄球等等。这些游戏都很好玩，都能让人缓解或摆脱压力，不过这里有个问题：那就是如果你很好胜或者你的对手特别怕输，那么游戏就会伴随一定的压力。

有压力就不好了。不过这里有一个解决的办法：你们可以玩合作类的游戏，这样的游戏里面，人人都是赢家。下面就是一个很好的合作类游戏。

# 活动36

## 吹气曲棍球

每个玩家去找一根吸管，三个到七个小杯子，一个纸团，两张扑克牌。每个人的位置不要动，玩家要让那个纸团绕过所有的杯子，最后到达终点线。你会发现，要是没有人和你合作的话，这个游戏会非常难。

1. 再找一个到三个小朋友，坐在桌子周围。
2. 把杯子口朝下，随机放在桌子的各个位置上。
3. 用一张扑克牌代表起点，另一张代表终点。
4. 把纸团放在起点的位置。
5. 共同协作，用各自的吸管吹气，让纸团绕着杯子到达终点。大家不能移动自己的位置。
6. 如果纸团掉到桌子下，要重新开始游戏。
7. 当纸团到达终点的时候，就成功了。

合作类的游戏很好玩，并且能让你学到东西。玩这类游戏会让你明白，有些事情如果没有朋友的帮助，是很难完成的。

# 我的放松之家

你是否曾用一些垫子或者大纸盒什么的给自己盖个小房子？应该有吧，对吗？在小小的地方钻来钻去，假装自己在一个与世隔绝的地方，是不是很有趣呢？

在这个练习中，你可以打造一个专属于自己的地方用来放松，可以用垫子、硬纸板、枕头或者大床单什么的。你也可以直接用一个帐篷或者一个玩具房，如果你有条件的话。这个地方是你以后用来放松的，如果你有担心的事情、不高兴的事情，或者想冷静一下，都可以到这个地方来。

当你在这里的时候，你可以想象自己是一个小动物，比如一只小狐狸或者一只松鼠或者别的你想变成的动物，这里就是你的安全小窝，你可以在这里静静地消磨时间。

你可以在这里放一些可以用来消磨时间的东西，比如书、谜语或者玩具，这些都能帮你摆脱压力。千万不要在这玩电子游戏或者电子玩具。但是你可以带MP3或者CD机，不过你只能用它们听音乐。

# 活动38

## 云迷宫

你喜欢走迷宫吗？这里有一个很特别的迷宫，能提醒你怎么练习腹式呼吸法，怎么放松自己。

找一根铅笔，找到第1号云，放在上面。开始从1到10移动铅笔，每到一朵云就用铅笔画一个圈。每画一个圈，就慢慢地吸气，然后慢慢地呼气。

等你画完一遍，看看是不是放松多了？

9
3
8
5
7
10
1
4
6
2

# 活动39

## 重复、再重复

你知道吗，重复性的动作，也就是一遍又一遍地做某件事，会让大脑制造出某种帮助人放松的化学物质。这就是为什么孩子（甚至大人也会）喜欢坐在摇椅里，躺在吊床上，或者自己不自觉地摇来摇去。

很多活动都包括了重复性动作，孩子们在做这些活动的时候会感到很放松。下面就列举了一些这样的活动。看看有没有你喜欢做的活动，把它们圈起来。

| | |
|---|---|
| 玩悠悠球 | 对着墙扔弹力球 |
| 织毛衣 | 荡秋千 |
| 散步 | 跑步 |
| 跷跷板 | 穿针引线 |
| 呼啦圈 | 玩面团或者橡皮泥 |

你还能想到其他包含重复性动作的活动吗？写下来吧。

______________________________

______________________________

______________________________

______________________________

______________________________

# 持续一生的游戏

孩子在不同的年龄会喜欢玩不同的游戏。幼儿可能喜欢用木勺子敲罐子，而刚走路的小孩子可能更喜欢玩水、玩沙子或者堆积木。你现在可能喜欢玩各种各样的游戏，但一年或两年后，你可能会发现更好玩、更有趣的事情。

但是，有一种游戏可以延续好多年，甚至可能持续一生的时间：那就是“兴趣爱好”。很多孩子长大后也会延续小时候的某种兴趣爱好。

你有兴趣爱好吗？如果没有，你可以想想怎么培养一种。兴趣爱好是使人放松、减轻压力的好办法。它还可以让你融入整个家庭，让你认识新朋友。人的兴趣爱好有时候可以延续一生的。

下面有好多兴趣爱好。哪一种是你也有的，就打个勾，哪一种是你以后想培养起来的，就画个星号。当然你还可以写下我们没想到的那些兴趣爱好。

# 活动40

## 收集

- ☐ 硬币
- ☐ 邮票
- ☐ 动物标本、卡通形象玩偶或者其他玩具
- ☐ 好看的石头
- ☐ 纽扣
- ☐ 虫子
- ☐ 篮球明星卡或者其他卡片
- ☐ ______________________________
- ☐ ______________________________

## 工艺

- ☐ 刺绣
- ☐ 纺织
- ☐ 做木工
- ☐ 做珠子工艺
- ☐ ______________________________
- ☐ ______________________________

□ ____________________

□ ____________________

## 艺术

□ 雕刻
□ 素描
□ 油画
□ 拍照
□ 书法
□ ____________________
□ ____________________
□ ____________________
□ ____________________

## 表演

□ 魔术
□ 跳舞
□ 演奏乐器

☐ 表演

☐ ______________________________

☐ ______________________________

☐ ______________________________

☐ ______________________________

## 其他的兴趣爱好

☐ 烹饪
☐ 研究动物
☐ 发明

☐ ______________________________

☐ ______________________________

☐ ______________________________

☐ ______________________________

兴趣爱好是很有意思的活动，学习这些兴趣爱好的过程也很引人入胜。你可以在互联网上学，到图书馆看书学，或者跟有同样兴趣爱好的家庭成员以及朋友一起学习。

# 第八章

# 做手工



通过做手工艺品的方式治疗心理创伤已被广泛应用。在很多医院、福利院还有孤儿院，做手工艺品在帮助孩子缓解心理压力的方面起到了很好的效果。

很难证明为什么做手工会这么有效，但是很多心理学家已经坚信这个不争的事实。在创造手工艺品的过程中，可以释放情绪。做手工可以让孩子在情感方面得到缓解和释放。比方说让一个孩子画他最不喜欢的老师和同学，把他们的脑袋画到厕所里，你就会明白这个情感释放的过程。

心理学家还指出，做手工活动可以解决一些难以面对的问题，获得形象的控制感。在画画的过程中，孩子可能会把自己画成一个超级英雄，把讨厌的人画成恶心的、狡猾的蛇。手工活动可以让孩子发挥想象力，帮助他恢复信心。

就像喜欢玩一样，孩子天生就喜欢手工活动，这是一个减压的好方法。例如，孩子在餐馆里因为迟迟不上菜而心烦意乱，如果能给他一根蜡笔，一张白纸，你就会看到神奇的效果。

在家里找一个舒服的地方来做手工。很多家长会让孩子到厨房的台子上做手工，因为那里比较方便收拾。在地毯上或者床上做手工肯定不是个好主意。一定要在放松的地方做手工，这样自己就不用随时担心会把东西弄得一团糟，没法收拾和清洗，这样会让自己的思绪和想象力都完全放开，非常有利。所以要确保给孩子一个足够大的地方，让他自由自在地做手工。如果真的选择厨房的台子做手工活动的场所，那就要把东西收拾好，别让孩子担心会弄翻瓶瓶罐罐。

本章中列出了不少孩子可以做的手工，基本上这些手工材料都是随手可得的，比如：

- 粉笔、蜡笔、签字笔
- 蛋彩、水彩颜料
- 可以装颜料和水的容器
- 纸巾或者毯子
- 泡沫、各种型号的毛刷
- 装饰材料，包括纱线、纽扣、珠子、旧首饰、羽毛、金属片、小块的布、小刀、亮片、纱布、棉球、吸管、烟斗通条、还有一些其他材料（比如坚果、鹅卵石等）。
- 用过的贺年卡、包装纸、硬纸、彩色纸、画图纸、厚纸、棕色的纸袋子、报纸等等。

- 尺子
- 打孔器
- 安全的剪刀
- 胶水、胶棒、胶布等
- 面团、橡皮泥或者粘土

在家里准备好这些材料，可以让孩子有兴趣做不同种类的手工，体验不同手工带来的感受。你可以找几个盒子，在上面写上“工作间”然后放到屋子的一角。再用几个小盒子或者带拉链的袋子，装上那些做手工活动时所需的材料和工具，比如羽毛、金属片或者其他你找到的小东西。记得在每次孩子做完手工或者完成手工的某个阶段之后，要帮他清理，把物品归到原位。还可以在家里找一个地方，用来展示孩子的每个手工作品。这会提醒孩子和家长们，这些手工的特别之处。

# 活动41

## 袜子玩偶

### 准备材料

- 旧袜子（干净的）
- 纽扣
- 布胶
- 不同颜色的毡子块
- 让玩偶看起来更好看的装饰品，比如羽毛、金属片、亮片、形状好看的泡沫或者丝线等

玩偶很好看，也很好玩。做一个玩偶，以后拿着玩，可以让你摆脱担忧、烦恼和许多负面的情绪。比如，你转到一个新学校或者你们家搬到一个新地方。你要怎么交新朋友呢，你要跟他们说什么呢？你可以用这个袜子玩偶来练习怎么和他们说话，或者你也可以编一个和他们见面时要讲的故事。这个故事有多好笑都没关系，因为好笑的故事可以帮你减轻内心的压力。你也可以把昨天晚上做的恶梦讲给袜子玩偶听，也可以告诉它这个梦有多吓人。你会发现这样做的效果非常好。如果是好多朋友在一起做袜子玩偶的话，也是很有趣的事情。

1. 把手放到袜子里，摸好位置，决定好在什么地方放眼睛，什么地方开嘴巴，然后用胶水把纽扣或者圆环粘到毡子块上，当做眼睛。

2.用彩笔画一个嘴巴。
3.你可以用丝线或者纱线来做头发或眉毛。还可以把金属条弯成眼镜的形状，粘起来。如果你有更好的想法，那就更好啦。
4.注意要等胶完全干了以后才能玩。
5.最后，好好和玩偶玩吧！

# 活动42

# 沙　盘

## 准备材料

- 找一个鞋盒，把上边的纸盖拿下来；或者找一个泡沫托盘。
- 沙子或干燥的谷物，比如麦子、小米或者其他谷物。
- 不同形状和颜色的小石头。
- 找个雪糕棍或者小木条当做木耙。

沙盘能让你心绪平静，能让你在紧张或担心的时候集中精神。如果你在玩沙盘之前能做几次腹式呼吸的话，效果会更好。经常玩沙盘，所能达到的放松效果会更好。这也是一种自己和自己玩的好主意。

1. 在鞋盒纸盘或者泡沫托盘中装一半的沙子或者干燥的谷物。
2. 用木耙把沙子或者谷物平摊在沙盘中。木耙可以是雪糕棍、小木条、树枝或者是其他什么你能想到的东西。
3. 平时留意收集一些好看的、特别的小石头。当然你也可以在沙盘中添一些别的东西，不过不要用太多，要以简单明快为标

准。最好不要成双成对地放小石头或者别的物件，因为太平衡的艺术品会显得呆板。

4.用木耙推动沙子，布满整个沙盘。

5.之后你可以调整沙盘，有选择性的移除一些东西或者放进一些东西。

# 活动43

## 超级英雄

### 给父母的话

*这个游戏适合6岁以上的孩子，如果孩子不到12岁，那么家长需要陪护进行。*

### 准备材料

- 找一根长约1.2米的铜线，这在一般的五金店都能买得到。
- 以前找到的或者喜欢的小物件。比如，如果你喜欢篮球，就找一个迷你的玩具篮球；如果你喜欢大海，就收集一些贝壳。
- 碎布
- 胶布

想象自己是世上独一无二的超级英雄，人们看见你的时候都会激动不已。那时候你会怎么样呢？你可以是一个拯救世界的大英雄，让人们幸福快乐的生活。也许你跑的像猎豹一样快，或者是大力士什么的。

想象自己面临一项重大的挑战，但是因为你的勇敢和坚持不懈，最后还是成功了。想象一下你自己的独特之处或你善长的能力。然后选择一种或者两种你准备向世人展示的能力，然后开始用铜线折出你自己这个超级英雄的形象吧！

1. 握住铜线的中间部分，在四分之一的地方弯曲，做成头部的形状。
2. 用铜线的两端形成身体的姿势。你可以按照自己的想法做出喜欢的姿势。
3. 身体的部分做成之后，把你准备好的小东西粘在上面。这些东西会让整个形象更生动，能体现人物的特色。比如你喜欢唱歌，你就可以在上面粘一个用铝箔和丝线做成的小麦克风。还可以粘一些亮片，或者弄一个小滑板或者魔法杖。尽可能地想象，不要有任何局限。

# 活动44

## 画出自己的感觉

### 准备材料

- 铅笔
- 不用的纸张
- 图画纸
- 粉笔或者蜡笔
- 旧报纸，画画上颜色的时候垫在下面

你经常画画吗？你其实完全可以随时随地画点什么，这可以让你放松自己并缓解压力。但是你画的东西要和你有所联系，比如你的梦境。画画还可以让你记录一些事情和感觉，这样以后看见它就会回想起来。

1.随便找一张不用的纸，在上面画圆圈、椭圆形、正方形、三角形和长方形。如果你现在的感觉可以用一种形状来代表，那它应该是什么形状呢？某些形状是不是可以象征你所爱的东西、人、地方或者是某种动物？想象一下什么是合适的形状。

2.当你在废纸上练习好了这些你想要画的形状，就开始找一张好的图画纸，把所有刚才练习好的图画好好地重新画一次。这些形状可以画大，也可以画小。可以互相重叠或者互相连接。在纸上一遍一遍重复地画这些形状，直到再也画不下了为止。

3.最后涂上颜色。

怎么样，好玩吧?

# 记忆手镯

## 准备材料

- 不同大小、形状、颜色的珠子
- 结实的塑料线（珠子和线都可以从工艺商店买得到）
- 一些用来盛放珠子的小碗
- 尺子
- 剪刀

记忆手镯可以让人永远记得美好的时光和你喜欢的人，即便有的人已经不在你身边。也许奶奶从很远的地方来看你，可是马上就要回去了。也许你最好的朋友就要搬走了，你感到很难过。也许你的爸爸妈妈中的一个总是在外工作，很难见得到。

你可以给自己或者给别人做一个记忆手镯。上面的每颗珠子都代表了一段记忆，戴着这串手镯，你就会想起那些美好的回忆。

1. 想想那个你想要记住的人，想想你们共度的美好时光，都发生了哪些事情呢，比如你们一起做的事情或者一起吃的好东西。

2.每颗珠子都代表一件事。每串手镯可以用4颗、5颗珠子，看你的喜好而定。

3.剪一根15厘米长的结实的线，如果你想做一个项链，那就剪一根30厘米长的。

4.在一端打一个死结，这样就可以让珠子穿进来固定好。

5.一颗一颗地穿珠子。

6.最后量一下手腕或者脖子的长度。如果长度合适，就把项链或者手镯的两端系在一起。

如果你要把这个送给别人，你还可以附上一张记忆卡，写明每颗珠子代表的意义。

# 活动46

## 放松罐

### 准备材料

- 小片的纸张
- 钢笔或者铅笔
- 干净的大罐子，要有盖子
- 普通的油漆刷
- 不同颜色的硬纸或者杂志彩页
- 白色的胶水
- 颜料，还有另一把油漆刷（如果你想把盖子也涂上颜色）

在这个手工活动中，你的任务是要把一个普通的罐子变成有魔力的放松罐，做完之后看起来会很棒的。在这个放松罐中，你可以放一些你认为能够解决心理压力的好主意。这些好主意可以是你从书里学到的，也可以是爸爸妈妈告诉你的。下面是一些例子：

- 在楼梯上跑上去再跑下来，往返20次，中间不停。
- 好好抱一抱家里的猫猫
- 到外面去散散心

1.找一些纸条，写下各种放松的办法，至少有五个是自己想出来的。

2.准备好一些纸片。如果是杂志上裁下来的纸张，可以选择一种或者两种颜色。裁成大大小小的正方形或者三角形。如果你发现一些杂志上好看的图画或者图案，也可以裁下来。如果你用的是硬纸，你可以裁成大大小小的纸条或者正方形、三角形等等各种形状。

3.从罐子上面开始，用胶水把不同颜色的纸片粘上去，一次粘一张，一张一张粘下去。把罐子每一处都覆盖上。当你粘到罐子下面以后，翻过来，把底面也粘好，让胶水完全变干。最后你可以用颜料给罐子盖染上色。

4.把你写放松方法的那些纸条放到罐子里，然后把罐子放到你最容易拿到的地方，随时待用。

# 活动47

## 随着音乐来画画

### 准备材料

- 好听的、轻快的音乐CD
- CD机
- 1米2左右长的丝线或者粗线
- 旧报纸
- 大张的画图纸
- 铅笔
- 蜡笔

你可以用耳朵来听音乐，但是这些令人放松的音乐，将如何通过你的身体从你的手上形象的表达出来呢？通过图形来表达你所听到的音乐呢？在这个游戏中，你将能够做到。如果很多人在一起来做这个用线条勾勒音乐的游戏将会是非常有趣的，你可以叫上你的爸爸妈妈或者别的小朋友一起来玩。

1.播放轻快的音乐，然后做一会儿腹式呼吸，一分钟或者两分钟就可以了。然后让自己的胳膊放松，慢慢拿起蜡笔，听着音乐，随着感觉在旧报纸上随意画出你想画的曲线，让自己的手放松，大幅度地移动。

2.现在身体已经完全放松了，拿一根1米2左右长的丝线或者粗线，随意在画图纸上布置线条。

3.像刚才一样，随着音乐的感觉，你觉得线条应该怎么走就怎么安排。线条的走势幅度要大，直到碰到纸的边缘才能转向，交叉也没有关系，可以交叉个几次。

4.等你觉得好了，对线条很满意了，你可以用铅笔描绘线条的走势，这样你把丝线拿走以后，还能看见刚才的线条。可以多做几张纸，这样你就有好几张记录音乐感觉的图画了。

5.把音乐关掉，然后用蜡笔给图画上色。你会怎么使用颜色呢？你会选择你最喜欢的颜色还是随意挑选想到的颜色呢？你可以想怎么涂就怎么涂，发挥自己的想象力吧。

Chapter 9

# 第九章 笑一笑，放轻松

Laugh to Relax, Then Laugh Some More

如果你在高速公路上，轮胎没气了；如果幼儿园阿姨来电话说你们家孩子又闯祸了；如果你们家小狗在邻居家门口拉了一泡屎……如果每天都遇到这些让人压力倍增的事情，笑一笑是很好的解决办法。即便是再困难、再要命的问题，笑一笑，也能帮助你缓解紧张情绪。

科学家发现，笑对于心理问题、生理疾病都有魔法般的奇效。实际上，笑有消除生理、心理压力的效果。笑能够帮你降低血压、稳定情绪、加强免疫系统的能力，并且帮助你的身体从疾病中迅速恢复。对于一些严重的疾病，笑已经变成了治疗过程中不可或缺的一个重要组成部分，很多医院现在都组织各种幽默马戏表演，让笑声辅助病人康复。

笑还是社交过程中的润滑剂，特别对儿童来说。一项针对3～18岁儿童的调查表明，当受访者被问及：你认为你最喜欢朋友的哪三个特征。不管是哪个年龄段的孩子，他们的回答普遍都是：他喜欢笑，这很令人开心。这项研究再次证实了笑对于减轻身心压力的重要性，因为群体互动是减压的重要渠道，而与世隔绝明显会让孩子产生各种压力。

以下是三种幽默的分类，分别是口头的、书面的和视觉的。这三种中，有很多能让人发笑的方法。

- 口头幽默：笑话、俏皮话、妙语、故事和奇闻异事
- 书面幽默：书籍、漫画、卡通和打油诗
- 视觉幽默：电影、马戏、小丑、小魔术等

你还能找到多少让人发笑的幽默方式呢，本章会给你不少提示，这些方法都会让孩子的童年充满欢声笑语，从而减轻压力。

# 拿自己的压力开玩笑

如果你可以拿自己的压力来开玩笑，这其实是很有趣的过程，也是减轻压力本身的好办法。我们填写了一些句子，你可以仿照着来做：

- 我知道，当我不小心踩到狗屎的时候，我的压力真的很大。
- 我知道，当我不留神把番茄酱放到冰淇淋里的时候，我的压力真的很大。
- 我知道，当我跟人家打电话，我还在说着那边就挂了的时候，我的压力真的很大。
- 我知道，当我把袜子往鞋上套的时候，我的压力真的很大。

现在你可以试一下：

我知道，当我____________________的时候，我的压力真的很大。
我知道，当我____________________的时候，我的压力真的很大。
我知道，当我____________________的时候，我的压力真的很大。
我知道，当我____________________的时候，我的压力真的很大。
我知道，当我____________________的时候，我的压力真的很大。

# 活动49

## 好玩的照片

这个活动可以全家一起来做。可以先找一些家人的照片，把它们都放在桌子上。大家围着桌子坐，每个人都从中找出他认为好玩的照片，然后递给右边的人。做一些像下面这样的“画外音”图案，然后裁好，写上照片中那个人可能想或者可能说的好玩的话。如果有电子版的照片，你也可以在电脑上合成。很多软件里面都有这种类似的图案，可以灵活地使用，合成在照片上。

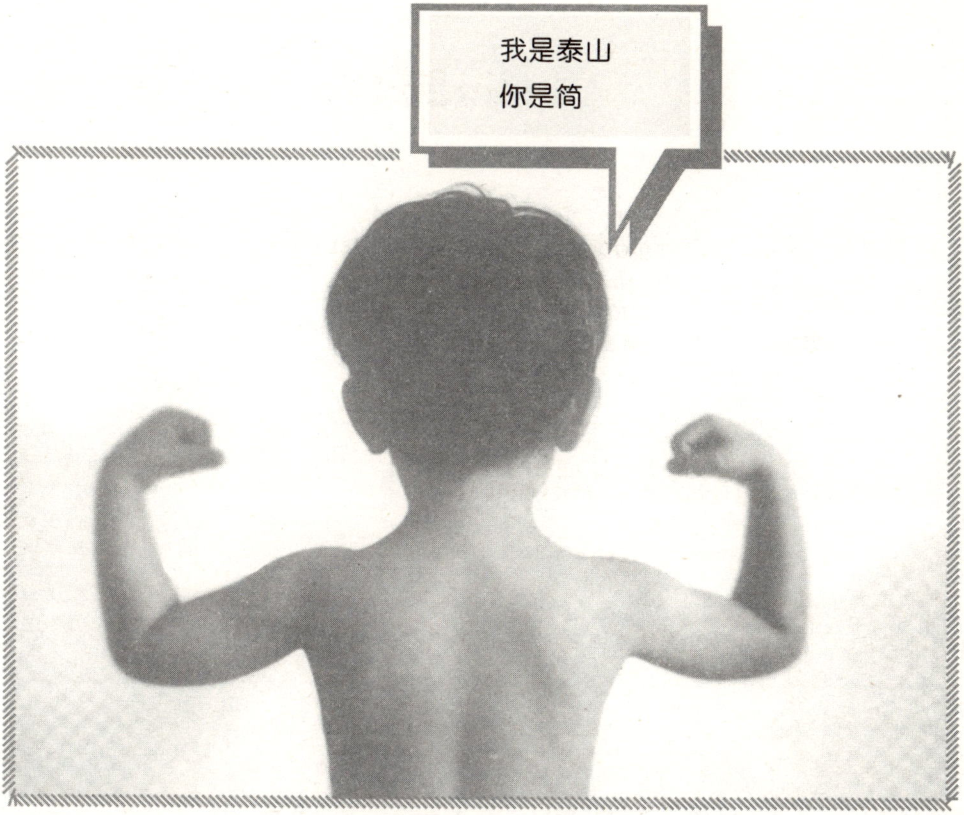
我是泰山
你是简

# 活动50

## 笑话之夜

你知道什么好玩的笑话吗？你觉得下面这些怎么样？

有一天小明很伤心，跟奶奶说：同学说我的脑袋像砖头……
奶奶说：才不会呢，不信你到井边照照。
小明到井边，往下一看，只听井底有个声音说：上面那个人，你要是敢把砖头扔下来，我和你没完……

麒麟飞到北极会变成什么呢？——会变成冰淇淋……因为冰……麒麟……

A：我说话从来不说二遍
B：你说什么？
A：我说话从来不说二遍……

这些笑话好笑吗？有多好笑呢？没关系，只要能让人稍微笑一下，也是很好的。给朋友或者给家人讲笑话是很好的放松方式。

你擅长讲笑话吗，你记得住一些笑话吗？如果不行，没关系，很多人都甚至记不住几分钟之前看到的笑话，其实办法很简单。图书馆或者书店里有好多笑话书，有成百上千的笑话你可以去记。你也可以上网去找一些好笑的笑话，不过记得要经过家长的允许才能上网，要找那些适合孩子们的笑话。

如果你实在不愿意给别人讲笑话，把笑话读给自己听也是很好的。不过最好还是和家人在一起，让每个人都变成笑话大王。怎么开始举办一个笑话之夜呢？你可以这样做：

1.在一周中选择一天作为家里的笑话之夜。或者举办朋友之间的笑话聚会也不错，结束一周的学校生活，放松一下也很好。

2.吃完饭之后，每个家庭成员可以开始讲自己准备好的笑话。你可以拿着笑话书或者把笑话写在纸上，供自己参考。

3.讲完以后，家庭成员投票决定谁是今天的笑话大王。

4.笑话大王可以赢得一个小奖品，或者也可以设置其他的奖励条件。

# 活动51

## 随意乱穿衣

对于小孩子来说，如果看到不应该在一起的东西硬凑到一块，就会觉得好笑。比方说，如果孩子看到爸爸头上顶着一只鞋，他肯定会乐不可支。依此类推，很多打破常规的搭配组合，都会让人觉得妙趣横生。

在这个游戏中，家庭成员们可以发挥自己的想象力，随意乱穿不属于自己的衣服，看看有什么效果。

1.让家庭成员每个人拿五件衣服，放在屋子中央，堆成一堆。

2.所有的家人围着那堆衣服，一个接一个地挑选五件衣服。挑选的时候要让大家蒙住眼睛，不能偷看。

3.大家都拿好以后，放上音乐，随着音乐声，大家开始穿自己拿到的衣服。

4.让大家一个接一个地随着音乐声，像模特一样出来走秀，展示自己搭配出来的“新时尚”。

用相机或者DV来记录这些宝贵的瞬间和充满想象力的衣着搭配。也许你还可以把它们寄到哪个时尚杂志去呢。

# 搞笑的词汇

有些词汇说出来就觉得很好笑，如果你用这些好笑的词汇来讲故事，那肯定会很有趣的。

先要收集一些好笑的词汇写在卡片上，然后放到一个袋子里。确定要有一部分是你自己想出来的。首先找一些人，每个人从袋子里拿出一张卡片。

然后就开始讲搞笑故事了，第一个开始说：从前，有一个……随便编一个开头，然后要把他抽到的搞笑词汇用到故事里去。他讲完这一段之后，把卡片放回袋子中，下一个人接着讲。

记得，故事最好要包含一些无法解决的问题或者是难题，要给下一个人留点悬念和发挥的余地。围绕着那些抽出来的搞笑词汇，轮上几轮之后，再把故事里的问题解决，或者让故事发生什么好笑的变化。最后给故事编一个结尾。

# 活动52

## 用搞笑词造句

要是把搞笑的词穿起来，组成句子，也会很好玩的。

脚丫　　河马　　马桶

**小强在河边洗脚丫，突然看见了河马，一着急把脚伸进旁边的马桶里啦。**

笔帽　　桌子　　鞋垫

**我把笔帽掉在地上了，弯腰到桌子下面找，突然看见地上还有一只鞋垫。**

咖啡　　馒头　　草莓酱

**我一边喝咖啡，一边啃馒头，还蘸着草莓酱。**

# 有趣的鬼脸照

大家都喜欢好玩的鬼脸，你喜欢吗？我们可以来挑战一下，找一个数码相机，让所有家人都到一起，尽其所能地做最好笑、最怪的鬼脸。把每个鬼脸都照下来，自己也别落下啊，让别人也给你拍几张。

把相片传到电脑上，然后你就可以做以下这些事情了：

- 做成卡片
- 做成邮票
- 做成明信片，上面有好几张鬼脸
- 做成邀请卡
- 周围都是鬼脸照片的信纸
- 做成日历

网络上有多网站可以把你的照片变成上面那些有趣的东西。

# 活动54

## 趣味角

你们家是不是有这么一个地方，可以把所有好笑、有趣的东西都放在那里，让大家都来看？也许是你喜欢的卡通或者漫画，或者报纸、杂志上的剪报，或者是笑话、谜语或者小故事什么的。

让你的爸爸妈妈给你找一个地方作为趣味角吧，比如冰箱上或者找一个小黑板。然后让全家人都在那里放一些好笑的东西吧，至少每个星期更新一次。

# 搞搞恶作剧

你知道什么是恶作剧吗，就是捉弄别人的小把戏之类的。有的人会对别人做很坏的恶作剧，这可不是我们这里所说的，不要做有害别人的事情。坏的恶作剧会让别人对你生气的，我们所说的恶作剧，是无伤大雅，不会对人有伤害的善意的玩笑，能够让你放松精神，而又不会让家长不高兴。

好玩的恶作剧能让人发笑，而不会伤害别人。下面就有一些例子：

- 迈克在头上撒了一大把盐，跑到妈妈那儿，一边挠头皮一边说："妈妈你看我的头皮屑好多啊。"妈妈真是哭笑不得，只好把他拎到卫生间，把他的头发洗了一遍。
- 梅根对爸爸妈妈说，她设计了一张她的家务工作表。爸爸妈妈听后真是高兴，女儿怎么这么负责任了啊，结果小红把工作表拿出来一看：

工作表是这样的：

# 活动55

| | |
|---|---|
| | |
| | 星期一：用鸡腿来刷厕所。 |
| | 星期二：倒垃圾，然后把垃圾再拿回来。 |
| | 星期三：在家里睡一天，这样就不用叠被子了。 |
| | 星期四：把拖把卸下来装在鞋上，在屋里跑步。 |
| | 星期五：把爸爸装袜子的抽屉和妈妈装内衣的抽屉对换一下。 |
| | 星期六：我们全家和狗狗互换食物。 |
| | 星期日：晚上整夜不睡觉，这样就不用铺床了。 |
| | |
| | |
| | |
| | |

小红的爸爸妈妈肯定会觉得小红既有趣又聪明——当然了，爸爸妈妈肯定不会真让她做这些古怪的家务的。

还有一种恶作剧是令人恶心的。当然，不要太恶心，有的孩子会弄得家里一团糟，这样就不好了，也就不好玩了。这里有两个例子，如果你能让大人脸上的表情哭笑不得，但是却也没有太过反感，你的任务就成功了。

- 找几个塑料虫子藏在手心里，然后就说，好痒啊，抓抓前面抓抓后面，然后手放到衣服里面抓，把手拿出来说，我衣服里有什么呀你们看！吓爸爸妈妈一大跳。
- 或者可以邀请几个朋友，大家一起来做游戏，跟大家说，这是一个找东西的游戏，先找齐东西的人能获得奖品。大家肯定以为就是随便的东西，然后给他们一个名单，大家这才知道原来要找的都是恶心的东西：

虫子　　　　　　　　发霉的鞋子

脏袜子　　　　　　　一坛子泥巴

______________________________

______________________________

______________________________

______________________________

______________________________

给每个人一个鞋盒子，让大家分头去找吧。先找齐这些东西的人可以获得超级大奖。等最后那个优胜者索要奖品的时候，他会得到的奖品就是……假的狗屎。记住，一定要是假的，别把真的狗屎放在人家手上。

# 结束语

读完了这本书，想必你已经明白了到底放松有多么重要，以及该怎么放松了吧。每天只需要用10～15分钟做做放松练习，就能让自己的情绪保持在最佳状态，使你远离负面情绪和压力。现在你也知道了，其实放松的方法有很多种，非常简便易行。想起来就做一下腹式呼吸，或者几个瑜伽动作，要么就做点手工，或者玩一玩。讲几个笑话，马上就能高兴上一阵子。

你能每天坚持做吗？你可以的！希望你能够把放松练习作为一生的好习惯，就像你每天刷牙洗脸、饭前洗手一样。形成习惯以后，你不用刻意地去想自然就会去做了，自觉不自觉地，你就会做几个有利于减轻压力的练习。

你可以的，看看你能不能坚持做一项放松练习，至少持续一个月。最好是在每天的同一时刻来做，每天在日历上做个记号，记录自己的坚持和努力。如果你能坚持一个月的时间，相信你一生都会保持住这个好习惯的。我保证，等待你的肯定将是最快乐、最健康的人生！

# 附录：

## 更多放松和减压的方法

### 精油按摩

精油按摩是一种利用植物油按摩保持人体身心健康的方式。这种保健方式已经流传了上千年。精油按摩的从业者认为，必须要使用纯天然的植物油，不过之前所传说的蜡烛等其他设备其实并不重要。植物油中要加入薰衣草、桉树油、天竺葵等等香料，用来帮助放松精神。尽管这种方法目前还无法用科学证明是否真正有效，不过基于已经实践了上千年的时间，毕竟也是一种值得一试的办法。

### 生物反馈

生物反馈指的是用电子监测设备观察心理、生理的变化。现在有很多种可以监测人体各项指标的仪器，提供视觉和听觉反馈。对于减压来说，最常用的仪器是汗液分泌监控仪，它可以实时监控人体汗腺受压力影响而产生的变化。这样的设备一般都比较便宜，很容易买到。这种仪器可以帮助那些容易出现紧张情绪以及对瑜伽、冥想等活动都不感兴趣的孩子。

### 饮食平衡

健康的饮食，指的是一天中摄入的蛋白质、全麦谷物、水果和蔬菜要保持平衡，这可以让人体健康发展，让人脑分泌缓解压力的化学物质。众所周知，孩子要避免食用或者饮用含糖、咖啡因过高的食物和饮品。含有过多添加剂的食品也不利于孩子的身心健康，引发精神压力，特别是会不利于患有注意力不集中症、以及其他行为失调症的孩子。富含色氨酸的食品（火鸡肉和牛奶）会有利于孩子保持平静和放松。另外，富含抗氧化剂的食品（蓝莓和绿叶蔬菜）也会有利于缓解儿童心理压力。

**音乐**

音乐对人的大脑会产生很强大的影响力。吵闹、节奏过快的音乐会让人心理产生压力，尽管有的孩子可能会喜欢这种音乐。MP3耳机中放出的音乐如果音量过大，也会造成某些心理压力，甚至会造成生理上的听力损伤。而另外一方面，如果是轻柔、舒缓的音乐，比如古典音乐或者流行音乐，会让身心平静，能降低血压和心率。

有一位作曲家，盖瑞兰姆，就创作了一系列节奏符合人体心跳速率的音乐，目前广泛应用于临床治疗和学校中，用来使孩子放松精神。

**大自然**

正如一位专家所说的：当今孩子最应该做的事情就是回归大自然。缺乏同大自然的接触，某种程度上是造成儿童情绪和行为失调的因素之一。这里说的大自然就在我们周围，不一定就是国家森林公园或者是郊外的山水。花一点时间走出家门，感受身边的花草树木，也会非常有益。

**饲养宠物**

宠物，即便是金鱼这样的小动物，都会缓解儿童的紧张情绪，帮助儿童放松精神。宠物辅助疗法目前已经应用于不少儿童行为失调症的治疗中，比如易怒症和孤独症等等，对于缓解儿童心理压力有很好的效果。不过，如果照顾不得当，有时候饲养宠物反倒会增加儿童的精神压力。如果打算给家里的孩子买一个宠物，一定要确保动物的健康程度，确保饲养宠物会让家里的气氛更加开心和愉快。